夜光杯文丛

尼山风光

Nishan Fengguang
Qianning Zhu

钱宁◎著

文汇出版社

自　序

2009年8月，我开始在《新民晚报》副刊"夜光杯"上写专栏"尼山风光"，叙说自己因写小说《圣人》而对孔子的一些新感悟。专栏写到2010年2月，发表了最后一篇，时值"夜光杯文丛·个人专辑"第七辑，正由文汇出版社计划推出，"夜光杯"的编辑，也是这套丛书的特约编辑贺小钢建议我也加入其中，而将近年来在晚报发表过的文字结集出版，一直是我的心愿，于是，便有了这本名为《尼山风光》的小书。

书中收录的是自己这些年来发表的主要文章，大部分在"夜光杯"上刊载过，少部分发表在其他报刊。其中，有谈孔子的，也有论《红楼梦》的；有说美国的，也有讲秦国的；有谈论文化的，也有讨论政治的；有探讨诗歌的，也有研究小说的。这些写在不同时期的文章，时间跨度有25年之久，自感欣慰的是，这些无论风行一时或是鲜有人知的文字，虽带有不同时代的印记，如今集辑出版，却无需特别的增饰删改，更没有什么让自己今天读来羞愧深悔的篇什。

时代变化太快了，让人应接不暇。许多说过的话，写下的字，转瞬间，就过时了，失去意义，甚至变得可笑。股神巴菲特说过，只有当大潮退去的时候，才会知道谁在裸泳。其实，当时代大潮退去之时，文化沙滩上也挤满了裸泳者。只是裸泳者太多，互相之间，大家见怪不怪了。

当然，埋怨时代是没有意义的，写作毕竟是一项个人事业。所谓文章是"经国之大业，不朽之盛事"，那是政治家哄骗文人之语，或是文人自欺之谈。文学曾经为政治服务，如今又被市场消费，时代使之然，总算是一种进步，写作者至少多了一些选择。实际上，无论在什么时代，写作者总是在主动或被动地做出自己的选择——作品可以献给政治，也可以卖给市场，可以写给广大读者，也可以写给几个同道知己，如果你有足够自信的话，当然也可以直接写给后世几百年的人们。因此，《红楼梦》可以产生于"文字狱"最厉害的"康乾盛世"，《管锥编》可以出现于文化一片荒芜的"文革"之时。一个人写下的文章，犹如相册里的照片，拍摄时间是当时的，背景是选定的，但人物的俊丑模样，颦笑表情，还是自己的，怪不得拍摄时间和身后背景。

对写作者来说，人生就是一场赶考，作品就是答卷。如何判卷是他人之事，但怎样答题完全在于自己。

2010.6.4

目录 Contents

自序

第一辑：尼山风光

    为什么"不亦乐乎"? /003

    《论语》的三重语境 /005

    孔子的殷人意识 /008

    "子曰"之谜 /011

    颜回的逻辑 /014

    宰予的挑战 /017

不敢言"圣" /020

孔子的激进 /023

第二辑：红楼梦幻

五色缤纷红楼梦 /029

红楼幻境梦几重 /033

第三辑：著者言说

变化了的想法 /039

一个时代的故事 /043

面对另一个社会 /047

李斯其人 /052

士大夫的宿命 /054

厕鼠与仓鼠 /056

我写孔子 /060

智者 /062

第四辑：读书忆人

罗素的散文 /071

太阳会从东方再次升起吗？

——读《展望二十一世纪（汤因比与池田大作对话录）》/073

还原孔子
　　——读《胡适之说儒》/077

舅公葛传槼 /079

我的小学老师 /082

第五辑：访谈文字

曲高自有知音
　　——访周振甫先生 /089

中外文化交融的"断"与"续"
　　——访施蛰存先生 /092

"它深潜在我们本性中"
　　——孙越生为"官僚病"把脉断症 /095

第六辑：诗与小说

诗即隐喻 /103

话本小说：视点、角度和结构 /114

第一辑 ｜ 尼山风光

　　写小说《圣人》之时，多读《论语》，想见孔子为人，时有所感，知其一生奇绝，犹如当年初见尼山，惊其风光迥异，绝非寻常山丘。写下几篇文字，特以"尼山风光"为题。

为什么"不亦乐乎"?

《论语》开篇云:"学而时习之,不亦悦乎?有朋自远方来,不亦乐乎?人不知而不愠,不亦君子乎?"(学而篇)

这段话的主旨,历来解说纷纭,以"学习"解释为多,并微言大义为儒学的"入道之门",但是,后两句话,说的似乎又不完全是学习。

这三句话之间的内在联系在哪里呢?

我们知道,《论语》是语录体,许多"子曰"是孔子对弟子的问答。这开篇之语,显然也是孔子在回答弟子问题。弟子问的是什么问题呢?是问怎样学习吗?好像不是;是问交友或是君子操守吗?好像也不是。

我以为,从"不亦悦乎"之"悦"和"乐",到"不亦君子乎"之"君子",可以推断,弟子最可能提的问题是:"君子有什么快乐吗?"

当年的情景也许是:弟子问:君子有什么快乐吗?

孔子答道:有呵。有书可读,不快乐吗?有朋友来,不快乐吗？不求闻达而内心平静（不愠），不是也快乐吗？

仔细品味这三句话，可以发现其中的关联性。这三句话实际是讲君子处在三种不同境况——独处、交游和入世，都会有自己的快乐。

君子独处而不怕孤独，书籍会带来快乐；君子也不会孤独，远方的朋友会带来快乐；君子入世，即使无人理睬，心中的快乐也无人能夺走。

对孔子来说，快乐一直是儒学的重要命题之一。他称赞陋巷里的颜回，说他箪食瓢饮，"不改其乐"（雍也篇）；同样的话，也说过自己："饭疏食饮水，曲肱而枕之，乐亦在其中矣！"到老了，还说自己"发愤忘食，乐以忘忧"（述而篇）。孔子要求弟子不仅要"安贫"，更要"乐道"，并总结说："知之者不如好之者，好之者不如乐之者"（雍也篇）。

一点没有快乐，谁会来做君子呢？孔子又怎么可能有三千弟子呢？人类所有的追求，都是向往着快乐，"天下大同"不就是一个快乐世界吗？

2009.9.10

《论语》的三重语境

《论语》记录了孔子一生言行,共 20 章,编排似无"章法",但总观全书,却可看出其中有三重语境:青年的激昂之语,中年的成熟之论,老年的悟道之言。

人年轻时,多有激昂之语,孔子亦如此。说"不义而富且贵,于我如浮云"(述而篇),那是少年豪情;说"富与贵,是人之所欲也,不以其道得之,不处也"(里仁篇),那是青春壮志。到发出"是可忍,孰不可忍也"(八佾篇)的呼喊,则多少有点"愤青"的意思了。

人到中年,现实感增强。孔子说:"富而可求也,虽为执鞭之士,吾亦为之。如不可求,从吾所好。"(述而篇)对自己的人生道路,已有了两手准备。

《论语》中,孔子更多的是说仁论政,谈史评人,显示出的是中年的成熟与深刻。其中,有平实的人生哲理,如"人无远虑,必有近忧"(卫灵公篇),又如"欲速则不达"(子路篇);也有实用的政治智慧,如"名不正则言不顺,言不顺则事不成"(子路篇),又如"敬鬼神而远之"(雍也篇)。

老年是孔子真正悟道之时。他说自己五十读《易》,开始"知天命"。孔子一向"不语怪、力、乱、神",对"天命",却一直敬畏。

晚年的孔子在思考什么呢?《论语》里没有多少记载,但从子贡的一段话里,我们可以窥见,他思考的是"性与天道"。

子贡说:"夫子之文章,可得而闻也;夫子之言性与天道,不可得而闻也。"(公冶长篇)

"性与天道",是当年哲人们探究的最为高深的终极命题。老子《道德经》讨论的就是这一题目。作为同时代人,孔子以博学著称,对这一问题不可能没有自己的观点和解说。

晚年时,孔子的思考,已从政治伦理上升到了哲学本体,达到了一生思想的巅峰。

遗憾的是,《论语》并没有详尽记下孔子晚年的思想和论述。为什么呢?一个可能的解释是,当时已没有弟子跟得上他的思想高度了。

子贡一再感叹说:"仲尼,日月也,无得而逾焉。"又说:"夫子之不可及也,犹天之不可阶而升也。"(子张篇)

聪明如子贡者,尚且不懂夫子晚年之思,子路等其他弟子就更不用说了。当年,唯一能理解孔子的,大概只有颜渊。他对夫子之学的理解和感受,显然与众不同,独有会心。他说,夫子之学,"仰之弥高,钻之弥坚,瞻之在前,忽焉在后"(子罕篇),不但高深,而且玄妙。可惜,颜渊早亡,没能将孔子晚年有关"性与天道"

的学说传承下来。对于颜渊之死,孔子的伤心超乎寻常。他说"天丧予",恐非虚语。

晚年的"性与天道"之学,弟子中无人能传,孔子内心里不是没有苦闷和失望的。一天,孔子对子贡说:"我不想再说话了。"子贡有些慌张,说:"如果夫子不说话,我们学生又能传述什么呢?"孔子反问道:"天何言哉?"(阳货篇)又感叹说:"知我者其天乎?!"(宪问篇)

今天,我们从《论语》中看到的孔子,有青年的孔子,更多的是中年的孔子,而晚年的孔子,只是隐约闪现在那些词句缺失的文字中。这好像一座高山,我们看到了起伏的山峦,顶峰却在云雾中。

2009.9.28

孔子的殷人意识

如果孔子内心有什么隐秘的话,那一定是深藏心底的殷人意识。

孔子一心向往周朝,将自己所有的政治理想都寄托在那个逝去了的辉煌王朝。他曾由衷地赞叹:"郁郁乎文哉,吾从周。"(八佾篇)甚至说:"如有用我者,吾其为东周乎?"(阳货篇)孔子又一生仰慕周公,因为正是周公设计和创制了周朝的一整套政治制度和礼乐文化。对周公的热爱,竟能让孔子常常梦见周公。晚年时,他还在感叹:"甚矣吾衰也。久矣吾不复梦见周公。"(述而篇)意思是说自己太衰老了,以至于近来不再梦见周公了。

但是,历史上的周朝,对于殷商后裔,包括孔子的先祖们,并不是一个天堂般的世界。

在一个周人掌权的社会,殷人的社会地位不断下降。孔子家族就是最好的例证。

周代的贵族等级,天子之下,分为四等。诸侯一等,即各国国君;公卿二等,即宗亲国戚,有食邑;士人三等,有俸禄;庶民四等,即无爵无禄的百姓,耕田务农,做工经商。

武王伐纣,灭商建周。殷商旧族被置于宋国,但还能享受贵族待遇。孔子的第六代祖先,还是宋国的上卿。孔氏后因宋变而奔鲁,孔子曾祖父一辈,已为人家臣,属"士人"阶层了。到了孔子这一代,几乎沦为庶民。孔子说:"吾少也贱,故多能鄙事。"(子罕篇)这是实话。庶民没有食邑俸禄,需要自己谋生。孔子年轻时,当过"委吏",就是管理库房;还做过"乘田",就是放养牛羊。传说还当过吹鼓手,为人出殡送葬。

如此看来,孔子对周朝的向往和周公的崇敬,显然基于政治理念,超越了个人经验和氏族立场。

孔子难道忘记了自己的殷人身份?没有。

据司马迁《史记》记载,孔子临终前,告诉子贡,自己做了一个奇怪的梦:"昨暮予梦坐奠两柱之间",又解释说:"夏人殡于东阶,周人于西阶,殷人两柱间。"(《孔子世家》)孔子梦见自己死后,灵柩停放在大厅的两柱中间,受人祭奠。按照礼俗,夏人殡于东阶,周人殡于西阶,殷人则停灵受奠于两柱之间。这个梦的重要性,不在于孔子对死之将临的预感,而在于潜意识中对自己殷人身份的最终确认。他最后对子贡说:"予殆殷人也"——我终究还是殷人呵!

《论语》中,记录了子贡的一段话,为暴君商纣王做了不寻常的辩护。他说:"纣之不善,不如是之甚也。……天下之恶皆归焉。"(子张篇)意思是说,纣王的不善,没有传说中的那样厉害。

一个人成了坏人,大家就会把所有的坏事都算到他身上。孔子对此是什么态度呢?《论语》中没有记载,大概十分赞同,至少没有异议。

胡适在《说儒》一文中,说高冠、博带之"儒服",就是古服,而那时的古服就是"殷服"。孔子也曾对鲁哀公说,他"不知儒服",而"其服也乡"(礼记·儒行)——只是穿着家乡的衣服。孔子的老家是宋国,那是殷商遗民之地。这说明,孔子穿的"儒服",其实是殷人衣冠,多少有点故国之思。

孔子的殷人意识,还直接体现在他的政治诉求中。他的"兴灭国,继绝世,举逸民"(尧曰篇),一向被视为是"复古"或"复辟"的纲领,但从殷商遗民的角度来看,这更像是一个被统治族群要求恢复权利的呼声:"兴灭国",就是恢复被灭亡了的国家;"继绝世",就是延续已断绝了的世族;"举逸民",就是启用那些流散在民间的人才。这难道不是也在说殷商旧国、孔氏家族和孔子自己吗?

孔子理智上向往着周王朝所代表的礼乐文明,情感上却无法摆脱对自己殷人身份的认同。在他的内心深处,是否也有着理智和情感的冲突?

2009.11.5

"子曰"之谜

《论语》中,满篇"子曰",除了个别章节有"孔子曰"出现,孔子之言,皆以"子曰"标明,好像孔门弟子以为天下人都该知道他们的老师是谁。

这是有点奇怪的事情。春秋之时,百家争鸣,诸子层出不穷,数量众多。诸子之书,无论自著,还是弟子记述,都是"某子曰"。那时的儒家学派,远没后世影响巨大。孔老先生生前只是一位失意人士,虽有些"出名",但多被大家当作笑话传诵,不像今天这样德高望重,名扬海外。

当然,称"子"而不称"孔子",显示了弟子们对老师的尊敬。我们知道,古时,称名不如称字尊敬,称字不如不称尊敬。《论语》中,只有"子张篇"和"泰伯篇"里,几处用了"孔子曰",并称"仲尼"。这些章节里记录的多是子张、子夏、子游等后辈弟子之言,其中,曾参亦被称为"曾子",可见是再传弟子们所撰。他们对早期弟子们定下的"子曰"之体例,未能体悟深意,一不小心,"子曰"

就被"孔子曰"替代了,出现了不一致。

为什么是"子曰",而不是"孔子曰"呢?这背后有没有什么特别的原因呢?

说起来有点好玩,孔子的先祖其实不姓"孔",而姓"子"。

这要从孔子宋国"树下习礼"说起。孔子周游列国,途经宋国时,带着弟子们在都城外的一棵大树下"习礼"。这次"习礼"的时间、地点都不寻常。其时,宋国大司马桓魋正在追杀他。据说,桓魋性喜奢靡,还想"不朽",为自己打造了昂贵的"石椁",孔子却以他为"不仁"之例,骂他"速朽"。孔子的言论传了出去,让桓魋怀恨在心,一直伺机报复。孔子过宋,不敢进城,只能躲在城外。

那么,孔子为什么一定要在那个时候带着弟子在"树下习礼"呢?

这是因为宋国的都城,对孔子来说,有着特别的意义。宋国是殷人故国,而都城商丘一带,正是当年殷人始祖商汤发祥之地。商汤在此建商立都。商朝传到最后一代,便是暴虐的纣王。纣王的庶兄微子,是第一代宋王,其弟微仲衍,相传就是孔子一支的祖先。因此,纣王与孔子,有一点亲戚关系,殷商的始祖也是孔氏的远祖。

这"树下习礼"是有深意的。"习礼"者,就是演习各种礼仪,其中,自然以祭礼为主。实际上,孔子带着弟子"树下习礼",是在祭祀殷人的始祖商汤。

这次"习礼",差点为孔子引来了杀身之祸。桓魋派兵追杀,孔子师徒侥幸逃脱。桓魋没能杀掉孔子,只好"拔其树"以泄愤。

商王一系，皆为"子"姓。孔子的祖先，也一直以"子"为姓，直到孔子之上的第六代，因五世亲尽，家道中落，才不得不改姓为"孔"。

细观"孔"字，也是由"子"和"乚"组成。《说文解字》解释："乚"者，"玄鸟也"。《诗经》中有《玄鸟》一诗，就是祭祀商王的乐歌。

《论语》中"子曰"的背后，也许真藏着孔子内心深处的某种隐秘？

2009.10.11

颜回的逻辑

孔子最喜爱的弟子是颜回,这不仅因为他对老师的学说领会得最快最深,更在于他能在关键时刻坚定不移地捍卫老师。

这关键时刻,就是陈蔡绝粮之时。周游列国途中,孔子和弟子们被一群不明真相的歹徒围困在荒山野岭,断粮多日。生死关头,弟子们开始动摇了,对老师的学说产生了怀疑。

最先表示怀疑的是子路。他心直口快,直截了当地问孔子:"君子亦有穷乎?"意思是君子一定要像我们这样穷困潦倒吗?孔子听出子路问话中的不满,有针对性地回答说:"君子固穷,小人穷斯滥矣。"(卫灵公篇)意思是说,君子穷困,能守得住;小人穷困,就守不住了。

但是,孔子知道,弟子们心中的怀疑必须消除,不然,就会信心崩溃。于是,他把弟子们叫来,和他们谈《诗》。

他谈的是《小雅·何草不黄》中的一句:"匪兕匪虎,率彼旷野。"诗句的意思是:不是野牛猛虎,为什么会困在旷野中呢?孔子对弟子们说,这诗说的好像是我们。我们做错了什么事情,要落到今天这样的境地?

傻乎乎的子路,不懂夫子的心思,仍然抢着说:"我想,一定是我们没达到仁,人家才不信我们;我们也没达到智,做事总是不顺。"

这个回答当然不合孔子的心意,孔子听了摇头,说:"真是如此吗?要是仁者人皆信之,就不会有像伯夷、叔齐那样饿死的贤人了;要是智者事必行之,也不会有王子、比干那样被杀的能臣了。"

一旁的子贡试着说:"夫子之道,是不是过于高深了?天下因此不容夫子。夫子是不是应该稍稍降低点标准试试?"

孔子听了,也不以为然,说:"不对。良农播其种而不管收获,良工精其技而不问时尚。君子何求容于天下?有求容之心,说明志向不远呵!"

这时,颜回站了出来,坚定地捍卫了老师。令人惊异的是,不是他对孔子的捍卫,而是他捍卫的逻辑。

颜回说:"我们落到如此境地,不是夫子错了,是我们错了,是天下君王错了!夫子之道不能推行,是我们孔门弟子的羞耻;各国不用夫子,是君王们的耻辱。天下不容夫子,正说明夫子之道至高大。天下不容怕什么?天下不容,方显君子本色!"

颜回的话显然说到孔子的心坎上了。据司马迁《孔子世家》记载,当时孔子的反应是"欣然而笑",一高兴,竟然说出:"有是哉!颜氏之子!使尔多财,吾为尔宰。"意思是"说得多好呵!颜家小子。将来,你先富起来的话,我来替你理财"。——君子不一定永远穷下去呵!

有意思的是,两千年后,林彪用了同样的逻辑,在庐山及后来的"七千人大会"上,坚定地捍卫了毛泽东。

那也是一个关键时刻。面对"大跃进"造成的深重的经济灾难,彭德怀像心直口快的子路一样,上了"万言书",质疑"大跃进"错了;另一些领导人,则像子贡一样,认为"大跃进"也许没错,但各种"指标"可以降低一点;这时,只有林彪,像颜回一样,站出来说:"大跃进"没有错,毛主席没有错,是我们错了。各地出现问题,"恰恰是由于我们没有照着毛主席的指示、毛主席的警告、毛主席的思想去做",而"毛主席的思想总是正确的"。

毛主席听了这话的反应是什么呢?据当年有关人士回忆,毛主席当场表态:"林彪同志讲了一篇很好的讲话。"后来,看了文字整理稿,又说:"是一篇很好、很有分量的文章,看了很高兴。"(《建国以来毛泽东文稿》)

"文革"前后,林彪一直在潜心读《论语》。看来,他真是读懂了,会心别具。"批林批孔"之时,把他和孔子扯到一起批判,也不能说太冤枉他。

2009.12.2

宰予的挑战

《论语》里,宰予因"昼寝"挨夫子骂而出名。不过睡了个午觉,孔子生气,说说弟子是可以的,但老人家的话说得实在有点过了。什么"朽木不可雕也",什么"粪土之墙不可杇也"(公冶长篇),一向温柔敦厚的夫子,突然变成"毒舌",说了许多狠话,令人难解。不就是睡了个午觉吗,至于如此发飙吗?当时孔子不会被什么事气糊涂了吧?

其实,孔子对宰予的不满,郁积了很久。孔门之中,宰予是唯一敢在思想上挑战夫子的弟子。

宰予最初的挑战,是在课堂上关于"井有仁焉"的辩论上。他提了一个刁钻的问题:要是有人落井,跳下去救,必一起死,是仁;不跳下去,见死不救,是不仁。这井该不该跳?

这是一个逻辑的陷阱。宰予想看看夫子会不会往下跳?

孔子一下子被问住,深思熟虑了好一会儿,才慢慢说:"何为其然也?"为什么一定要这样呢?可以想想别的办法救嘛,不一定

非要跳井呵！君子可以被别人欺骗，但不能自己犯傻呵！（雍也篇）

孔子没有直接回答宰予的问题。他没有往"井"里跳，而是从井边绕了过去。

宰予的另一次挑战，是关于儒家"守丧三年"的礼制。宰予感到三年丧期太长，专门去问孔子，还发挥说："君子三年不为礼，礼必坏；三年不为乐，乐必崩。"

这次，孔子回答得很直接："於汝安乎？"这是问宰予：不"守丧三年"，你安心吗？孔子认为孩子出生三年后，才能离开父母的怀抱。父母离世，子女为父母守丧三年，是天经地义之事。不想，宰予却回答：安心。孔子只好说："安则为之。"宰予走后，孔子感叹说："予之不仁也！"对他的印象变得更差了。（阳货篇）

宰予说的是事理，孔子讲的是情理，各有各自的理。平心而论，宰予的主张更实际一些，但他一副"吾爱吾师，吾更爱真理"的样子，很难让夫子高兴。

再后来，宰予居然怀疑起三皇五帝们的"神话"了。他问孔子：听说黄帝活了三百岁，黄帝到底是人呢，还是非人？他怎么可以活三百岁呢？（《礼记·五帝德》）这个问题有点科技含量，不好回答，气得孔子说："予非其人也！"意思说，宰予根本不是能讨论这个问题的人！

《史记·仲尼弟子列传》形容宰予"利口辩辞"。的确，宰予的能言善辩，不在子贡之下。孔子开始很欣赏他，后来却承认自己"以言取人，失之宰予"，并得出人生的一大教训：对人，要"听其

言而观其行"。(公冶长篇)

孔门之中,像宰予这样的异端,绝无仅有。孔子虽不喜欢他,却从没有要将他逐出孔门之意。有意思的是,《论语》也详细记录了宰予的一次次诘难和夫子对他日益增加的不满,而没有像今人那样,努力将不喜欢的人和事从历史中抹去。

宰予的结局并不好。据《史记》记载,他后为齐国大夫,卷入内乱,终被"夷其族"——像多数异端人物一样,宰予的命运,并不令人意外。

2009.12.30

不敢言"圣"

孔子晚年和弟子谈起自己的一生,曾感叹道:"若圣与仁,则吾岂敢?"(述而篇)意思是说,自己没有达到"圣与仁"。他说自己没有达到"圣",是实话,但说不敢称"仁",则是老人家谦虚了。

"仁"是个人通过学习而能达到的一种境界。"仁"字由"人"和"二"组成,《说文解字》释"仁":"从人从二。"二人者,人与人之关系,这就是仁的本质。

孔子说:仁者爱人。人有各种,仁亦多样。人的社会地位不同,角色转换,人与人的关系也就复杂多变。仁者之"爱人",于是有了不同形式:于父母,是孝;于兄弟,是悌;于夫妇,是情;于子女,是慈;于君王,是忠;于朋友,是信;于他人,是诚。

"仁"的一个特点是其内在性。孔子说:"仁远乎哉?我欲仁,斯仁至矣。"(述而篇)仁离我们远吗?不远,只要一想到仁,仁就到了。为什么?因为仁就在每个人的心中。

"仁"的另一特点是其被动性。"仁"之"爱人",就是孔子所说的"己所不欲,勿施于人"。(颜渊篇)不是"我对你好",而是"我不对你不好"。

求"仁"于内,是"忠"。"忠"者,正心诚意。行"仁"于外,是"恕"。"恕"者,接人待物。孔子对曾参说,"吾道一以贯之。"曾参解释说:"夫子之道,忠恕而已矣。"(里仁篇)真是很好的总结。

由于"仁"的内在性和被动性,通往"仁"的最佳途径就是"克己"。因此,孔子说:"克己复礼为仁。一日克己复礼,天下归仁焉。"(颜渊篇)

但是,"圣"就不同了。"圣"是将"仁"普及于民众并能推行于社会的成功实践。

孔子对子贡说:"夫仁者,己欲立而立人,己欲达而达人。"子贡问:"如有博施于民而能济众,何如?可谓仁乎?"孔子说:"何事于仁,必也圣乎!"(雍也篇)意思是说,那可不仅仅是"仁"了,是"圣"了。

历史真的给了孔子一次机会,让他由"仁"入"圣",尝试了一下自己的"仁政"理念。56岁那年,他受鲁君之命,以大司寇之职,代行相事,执掌鲁国朝政,开始了百日"鲁国新政"。

据司马迁《史记·孔子世家》记载,执政不久,孔子颁布了几项重要的法令,一是有关农贸市场,上市买卖的猪、羊,一律实价,禁止讨价还价;二是有关社会风气,街上男女,一律分道,不许携手同行;还有一项涉及外交政策,凡各国宾客来访,无论受邀还是自来,一律由官府接待,好吃好喝,有接有送。

这些法令,今天听起来,有点像是发改委管物价,街道居委会管男女恋爱,政府组织国际盛会来宣示我泱泱大国之崛起。

孔子的"鲁国新政"很快就失败了。为什么呢?因为逐利是商品的特性,更是商人的天性,天下不会有一个不逐利的市场;分道而行,既不能防止男女之间"发乎情",更无法让他们一定"止乎礼";而对国际友人好吃好喝的招待,显然解决不了各自对实际利益的争夺。

孔子想以"仁"为基础,在人与人之间建立和谐有序的关系,并由此构建一个"大同"社会。计划是完美的,可惜,他低估了人性。人性欲求无限,非"克己"所能改变。"克己"不易,让他人"克己"更难。

孔子最后承认了自己在现实中的失败。这也许就是他说自己没有达到"圣"的原因。看来,对圣人而言,"求仁得仁"不难,难的是由"仁"入"圣"。

2010.1.28

孔子的激进

今人看孔子,多见其"复古",见其"守旧",其实,回到两千五百年前,孔子却属激进一派。他对现实采取批判态度,有"不同政见",还能看到未来。

春秋之际,诸侯们一心想的是争霸天下,谋士们建言献策,谈的都是如何富国强兵。诸子百家中,兵家讲攻伐之道;法家说刑罚治国;墨子"非攻",研究的却是攻城之术,要"以战止战";就连老子的《道德经》,虽为道家经典,"无为"中也暗含着"帝王术"。这其中,只有孔子的政见卓然不同。他说,富国强兵,争霸天下,绝非"大道","仁政"才是"大道"。

可惜,没有君王愿走他的"大道"。君王自有君王的道理,但孔子不肯放弃自己的理念。"仁政"之路在鲁国行不通,他便毅然辞别父母之邦,周游列国,游说每一位可能给他机会的诸侯,甚至发出"道不行,乘桴浮于海"的毒誓。这完全是一个流亡者的作为,没有一点忠臣的样子。显然,他忠于的是自己的理念,而不是各国的国君。

　　孔子不仅执着于自己的理念,还将"仁政"上升为"大道"行于天下的"天意",并以"天意"来抗衡君王的"寡人之志"。正是这高悬于所有君王头上的"天意",将君王们置于被衡量和被评判的地位,千百年来,让皇权威压下的儒生士子,多少有一点抗衡君王的精神武器。

　　孔子的激进更体现在对"大同"之世的向往。他追寻的政治理想不是"天下一统",而是"天下大同"。在这一点上,他比同时代人看得更远。

　　"仁政"之路通往的就是天下"大同"。对此,《礼记·礼运篇》里有着详尽的描述:"大道之行也,天下为公。选贤与能,讲信修睦,故人不独亲其亲,不独子其子,使老有所终,壮有所用,幼有所长,矜寡孤独废疾者,皆有所养……是谓大同。""大同"之世是一个托名于"复古"的未来社会,以"天下为公"为特征,人人都有生活保障,关爱他人,也被他人所关爱,有点社会主义性质,也有些"和谐社会"的色彩。

　　对天下"大同"更深的体悟,是在《论语》"各言其志"一章。一天,孔子与子路、曾点、冉求、公西华等闲谈,让他们"各言其志"。子路抢先说,他能让弱国在三年里变为强国;冉求说,他能让穷国在三年里变为富国;公西华说,他更愿意主持宗庙祭祀,会盟典礼。待问到年纪稍长的曾点,曾点正在鼓瑟,一曲弹完,才缓缓答道,自己的志向,与上面三位有些不同。孔子鼓励道,不妨说出来,大家"各言其志"嘛。于是,曾点说出了自己著名的向往:"暮春者,春服既成,冠者五六人,童子六七人,浴乎沂,风乎舞雩,咏而归。"曾点的描述,让孔子喟然而叹:"吾与点也!"(先进篇)——我赞同曾点呵!

孔子赞同曾点所言,深有意味。宋儒说,从曾点描绘的景象中,可以看出"尧舜气象";近人也说,其中蕴含有"太平社会之缩影"。其实,更深一层说,在孔子看来,强兵也好,富国也好,文化建设也好,都是手段,人类文明社会的最终目标,应当是让人类回归最自然的嬉戏状态——就像两千多年后德国哲学家海德格尔所形容的那样:"人诗意地栖居"——那才是天下"大同"的最高境界。

孔子为中国人提出的一个终极梦想。像所有理想主义者一样,他在现实中不可避免地陷入了窘境,但他一个人的"大同"之梦,历尽千载,超越时代,成为所有中国人的梦想,并最终会成为全人类的梦想。

2010.2.25

第二辑 ｜ 红楼梦幻

  曹雪芹写《红楼梦》时,脑子里一定没有什么现实主义创作原则,更可能的是以古老的智慧和独特的感悟来结构自己的小说。

五色缤纷红楼梦

《红楼梦》之色彩缤纷,就像贾宝玉口衔的那块玉,初看是"五彩晶莹"(第二回),细观则有"五色花纹缠护"(第八回)。说句玩笑话,当年空空道人读"石头记",能"因空入色,由色生情,传情入色,自色悟空"(第一回),恐非只是虚语。曹雪芹书中写人叙事,颇着意于描彩绘色,一片绚烂之中,似有深意存焉。

红楼之梦,寓意于"红"是相当明显的。曹雪芹说自己在"悼红轩""披阅十载,增删五次"(第一回)才完成这血泪之作。这"悼红"所悼者,我想应该是宝玉,因为书中的红色常隐喻着贾宝玉。在太虚幻境,神瑛侍者住在赤瑕宫;在荣国府,宝玉自题住所为"绛芸轩",绛者,深红色也。等入了大观园,他更住进怡红院,睡在"大红销金撒花帐"里(第二十六回)。初见黛玉时,他穿的是"大红箭袖";下雪了,戴的是大红猩猩毡斗笠;最后,也是"身上披着一领大红猩猩毡的斗篷"辞别贾政而出家的(第一百二十回)。(高鹗续书中如此描写,想来是有些依据的。)

如果说红色隐喻着宝玉，黛玉和宝钗在书中也各有象征颜色。

黛玉的象征色就是"黛"：青色。黛玉初进贾府，住在碧纱厨，用"一顶藕合色花帐"（第三回）。后入大观园，住在青翠满目的潇湘馆。院内是"翠竹夹路"、"苍苔布满"（第四十回），房里是"阴阴翠润，几簟生凉"（第三十五回）。窗上罩的是"绿纱"，身边的丫环叫"紫鹃"。在太虚幻境，黛玉的前世是绛珠仙草，高鹗形容为"一棵青草，叶头上略有红色"（第一百一十六回），其实，也许只是神瑛侍者以甘露灌溉之故，所谓"近朱者赤"也。

宝钗的象征色比较奇特，是白色。她入大观园前，住在有棵梨花树的梨香园，梨花自然是白色的。入园后，住在蘅芜院，房屋里据形容是"雪洞一般"（第四十回）。更有趣的是，她服用的"冷香丸"必须完全是用白牡丹、白荷花、白芙蓉和白梅的花蕊制成（第七回）。薛，又是雪之谐音，而"白雪"又常常是隐指宝钗的意象。类似的例证还有不少。

问题在于，曹雪芹如此精心地为人物着色，是不是仅为了烘托人物个性？显然不是。在这里，色彩，就像书中那些谐音字谜、诗句酒令一样，似暗含着人物命数，而且与中国古代的五行观念有着某种关系。

色彩与五行有着特定的对应关系。《吕氏春秋》说："木气胜，故其色尚青……金气胜，故其色尚白……火气胜，故其色尚赤。"

由此推断，宝玉之红寓火命。贾府最终应毁于一场大火，这一点在开篇甄士隐的故事中已有预示，而高鹗在后四十回中未能写出。第三十九回中,刘姥姥正向贾母编着乡下的故事,贾府南院子马棚着起火来,这也是一种征兆。刘姥姥故事里的主角,是一位"穿着大红袄儿"的小姑娘。实际上,贾府的衰败,主角不也是这位有"那个爱红的毛病"(第十九回)的宝玉吗?

黛玉之青寓木命。她姓林,自带着"木"字,而太虚幻境的"金陵十二钗"命册中,她的图谶也画着"枯木",暗合"泪尽而逝"的命运。她与宝玉之间原有"木石前盟"。

宝钗之白自然寓金命。她名字中有"金",图谶上是"金簪",而且有"金锁"随身,更有所谓"金玉良缘"之说。第三十五回里,宝玉请宝钗的丫环莺儿打络子,把玉络上。在讨论用什么颜色的线时,宝钗说道:"用鸦色断然使不得,大红又犯了色,黄的又不起眼,黑的太暗。"五色之中,否掉了四色,唯独没有提及白色。最后,她建议莺儿:"竟把你的金线拿来配着黑珠儿线,一根一根的拈上……"有趣的是,莺儿"名字本来是两个字,叫做金莺,姑娘嫌拗口,只单叫莺儿"。此回的回目是《黄金莺巧结梅花络》。这字里行间,反复点出"金"字来,也可算是点睛之笔。

说到五行,除火、木、金之外,还应有水、土,其相对应的色彩正是黑色和黄色。纵观全书,似乎只有湘云和妙玉可能与此类隐喻有些关系,因为二人同属"金陵十二钗",而且都与宝玉有情感的牵连。湘云属水,她的图谶是"一湾逝水",其判词为:"云散高唐,水涸湘江。"(第五回)她在诗社里的别号是"枕霞旧友",因史家旧时有一个亭子,叫"枕霞阁",贾母年轻时曾在那里落入河中,"几乎没淹死。"(第三十八回)由此可看出史家与水的前缘。妙玉属土,她的图谶是"一块美玉,落在泥污之中",其判词是:"可怜金玉质,终陷淖泥中。"(第五回)妙玉自己曾说,自古"皆无好诗,只有两句好,说道:'纵有千年铁门槛,终须一个土馒头。'"(第六十三回)不能不说语含谶机。

不过,令人迷惑的是,黑黄二色在《红楼梦》中并没有得到重彩浓墨的渲染。也许湘云、妙玉毕竟不及黛玉、宝钗重要?抑或另有玄机暗伏于迷失了的后四十回中? 当然,前八十回里,也不是没有一点蛛丝可寻的。第四十九回"琉璃世界白雪红梅"中,踏雪赏梅的那天,众人大都是"一色的大红猩猩毡斗篷与羽毛缎斗篷",史湘云却穿着"一件貂鼠脑袋面子,大毛黑灰鼠里子,里外发烧大褂子",在一片鲜艳中显出黑灰的色彩来。

《红楼梦》又名《石头记》,讲的是青埂峰下那块"无才补天"的石头的故事。仔细想想,当年女娲为补天炼的不正是"五彩石"吗?

1997.3.22

红楼幻境梦几重

　　就整体结构而言,《红楼梦》是由五个不同时空而又同时并存的世界所构成。一是青埂峰下顽石所处的大荒山世界,那里永恒不变、亘古如斯,却是世间万物的缘起和归结之所在;二是警幻仙子所在的太虚幻境世界,那里无生无死、无忧无虑,却掌管着人间的风情月债;接着是荣宁二府和大观园构成的红尘世界,那里"无朝代年纪可考",但充满了"离合悲欢,兴衰际遇";然后是甄士隐和贾雨村代表的世俗世界,那里人情势利,世态炎凉,而命之祸福、人之贵贱,总在旦夕变化之中;最后是由"披阅十载,增删五次"的作者和其心目中的看官一起构成的解读世界,它跳出情节之外,又超越书中时空,让后世千千万万的阅者能够在同一情境中面对谜一样的《红楼梦》。

　　《红楼梦》是以确立解读世界而开篇的:"作者自云曾历过一番梦幻之后,故将真事隐去……"在此后章回里——尽管声称那已是情僧从顽石上抄录下的"石头记"了——作者却仍一再出现,与"看官们"直接对话,似乎在不断提醒阅者不要忘记整个故事最初是怎样开始的。如第八回中有言,"看官们须知道,这就是大荒山中青埂峰下的那块顽石幻相。"说到宝玉与秦钟私下算账之事,又突然解释说:"未见真切,未曾记得,此系疑案,不敢纂创。"(第十五回)

　　第一回里,作者先从青埂峰下那块顽石写起。然后,笔锋一转,写到姑苏城中的甄士隐。再由甄士隐写出太虚幻境,紧接着,在下一回中又将读者引入了贾府。此后,宝玉的情爱和贾府的兴衰固然是情节主线,但全书中几个世界分明并存,交相呈现。

　　在叙述大观园的故事时,作者好像唯恐大家迷失在那红尘世界似的,便不时提到青埂峰下的那块顽石。写元春省亲,一片"香烟缭绕、花彩缤纷"中,忽然插入"顽石"之思:"此时自己回想,当初在大荒山中,青埂峰下,那等凄凉寂寞……"(第十八回,见戚本,程本删去)。而太虚幻境,在全书里更是如影随形,忽隐忽显。先是甄士隐梦遇(第一回),后是贾宝玉神游(第五回),都隐约显示那飘渺仙境的存在。宝玉初游大观园时,更是"心中忽有所动,寻思起来,倒像在那里见过的一般……"(第十七回)。至于甄士隐和贾雨村所在的世俗世界,也贯穿始终,一直作为虚拟的贾府兴衰故事的一个实在的背景。

　　这五个不同时空而又同时并存的世界显然是曹雪芹为《红楼梦》精心建构的整体结构。但是,这一结构的意蕴何在?

　　细想一下,这一有意味的整体结构似乎暗合佛家对世间万物的一种认知方式。

根据佛家般若学说,大千世界的真实只能从其不同的存在形态去感悟。我们可以从万物的实生实灭看其万变之"色";从万物的不生不灭看其不变之"空";从假设的生灭可以体会色归于空;从假设的不生不灭可以感悟空即是色。

看到"色"是"俗谛"——凡夫所能看到的万物之实相,看到"空"是"真谛"——智者所能看到的世间之真相。融合真俗二谛是"中道",而能从实生实灭、不生不灭、假设的生灭、假设的不生不灭四种形态来观世间万物,则可达到"二谛合明中道"——那是佛家般若的最高境界。(见佛经《中论》,并参见吕澂《中国佛学源流略讲》)

以此反观《红楼梦》,那甄士隐和贾雨村所在的世俗世界,不正是让看官们从"实生实灭"中看"俗谛"——人世变化的无常之"色"?而那青埂峰下顽石所处的大荒山世界又何尝不是让看官们通过"不生不灭"领悟"真谛"——万物最终归结于"空"吗?贾府和大观园里的"离合悲欢,兴衰际遇"似乎是透过"假设的生灭"引导阅者去"自色悟空";而太虚幻境里许许多多的前世因缘好像是通过"假设的不生不灭"使阅者能"因空入色"。解读《红楼梦》,则需以"二谛合明中道"来参透书中的几个亦真亦假的幻境,方能悟解其中意味。

由于资料的缺乏,我们无法知道曹雪芹生前在多大程度上受到佛学影响,并对哪家宗派格外心仪。但从《红楼梦》"色空观"的提出和"真假"、"有无"的反复渲染中,可以看出他受到佛家般若学说——特别是兴起于金陵栖霞山的三论宗——的很深影响,因为"色空"可以说是般若学说的基本命题,而"真假"、"有无"亦是其辨析的主要概念。

《红楼梦》的整体结构及其意义何在,或许还会有许多解释。但不管怎么说,曹雪芹以佛学感悟世界的方式来结构《红楼梦》的可能性远比以现实主义文艺理论来结构的可能性大得多。如果上面所论成立,曹雪芹大概也不会希望后世读者在解析《红楼梦》时只执着于贾府和大观园的那一个层面吧?

1997.5.31

第三辑 | 著者言说

一本书写完,会有一种生命流逝的感觉,好像生命的一部分永远留在了书里面。在大约十年的时间里,我写了《留学美国》(1996)、《秦相李斯》(2000)和《圣人》(2004)。三本书都曾在《新民晚报·夜光杯》上连载。这里选辑这几本书的序言和部分章节,作为一段生命时光的纪念。

变化了的想法

(《留学美国》前言)

那还是好几年前的事情。

大概是 1988 年 4 月间的一天上午,我在北京木樨地附近换上了一辆开往颐和园的 320 快车,去西郊办一件现在已经想不起是什么的事情。那是初春时节,车窗外阳光正好,道路两旁的树木刚刚露出新绿,空气清新得令人感到身心一时俱澄澈起来。我把头靠在车窗玻璃上,随着车身的颠簸,开始尽情做起各式各样的白日梦。就在这时,写这样一本书的念头突然跳了出来:

"到海外采访留学生,记述他们的经历、感受……"

我那时还是人民日报文艺部的记者,年轻,热情,充满着幻想。最初的计划是相当浪漫的:先去美国,在想象中,我将背着背包——徒步或搭车,当然也可以骑自行车——走在惠特曼诗歌中所描绘过的大路上。沿途一边打工,一边采访……然后,再去欧洲、日本、澳大利亚……最后,写一部充满激情和哲理、富有传奇色彩、以"公元一千九百多少多少年"开头的全景式报告文学之类的作品。

1989年8月,我来到美国。

四年后,也是4月间的一天上午,我坐在美国密执安大学安娜堡校园宁静的研究生阅览室里,一边听着窗外钟楼上飘荡过来的钟声,一边开始动笔写这本书。不过那时,我许多早先的想法都已经改变了,而且,也只是到了那时,我才深深意识到,四年前的我与自己所选择的题材之间的心理距离,几乎和我当时与美国相隔的地理距离一样遥远。在今天的美国,一个人背着背包在高速公路上意气风发地大踏步行走,是难以想象的。那情景远不是浪漫,而多少会有一些滑稽,甚至悲壮。

实际上,不仅仅是怎样写这本书的一些想法改变了,我的许多观念和对一些事情的看法也都因留学的经历或多或少地改变了。

1993年夏天,我回了一趟国。母亲在看到我在海外呆了四年而几乎看不出什么太大变化时,十分放心,而且非常高兴。不过,我自己知道,在内心深处,不少东西改变了。

海外留学的经历使人有所变化,也许是再自然不过的事情了。如果一点变化也没有,留学本身大概也就失去了意义。

我个人显然不会只是一个个别的例子。近十几年来,几十万中国留学生走出了长期封闭的国门,闯到了世界上七十多个国家和地区。在不同文化的冲击中和不同社会环境的熏陶下,他们每个人的思想都会有一种生活在中国社会里所无法产生的变化。这一代中国留学生,如同他们的前辈一样,从各自交织着欢乐和辛酸的留学经历中,学到的并日后带回中国的,将不仅仅只是科学知识、先进技术和异国文化,其中一定也会包括许多不同的思想、不同的观念和不同的生活方式。

对一代中国留学生来说,这种变化究竟是什么?而这种变化,对中国的未来,又意味着什么?——这是我在写这本书时一直在想的问题。

在美国的这些年里,我一面在密执安大学学习、工作,一面走访了美国的东西南北,并利用各种机会采访了许多中国留学生。在这本书中,我不仅试图勾勒出70年代末期以来中国留学浪潮的历史背景、规模人数和政策变迁,而且,更主要的是想记录下一个个中国留学生不同的经历和真实的感受,希望能以此反映出文化环境和社会体制的急速转变对一代中国青年思想意识的深刻影响。同时,我在书里也写下了一些个人的感受。因为这些个人感受,从某种意义上说,本身就可以被当成留学生思想变化状况的一个实例。

因此,这本书是一部基于"个人经验"——被采访者的和我自己经验——的作品。尽管今天统计数据已经成为奠定任何一本著作学术价值基础的主要材料,作为一个新闻记者,我仍然偏重于"个人经验"。我相信每一个人的生活经验中都会有一些真正有意思的东西,而正是每个人不同的个人经验使我们的生活和世界变得丰富多彩。

......

感谢那许许多多接受过我的采访、和我深谈过、告诉过我个人经历和感受的中国留学生,作为一个同时代人,我为他们感到骄傲。

1995.5.6 于美国安娜堡

一个时代的故事

(《留学美国》再版序言)

1996年,在《留学美国》一书正式出版之前,书稿曾在有关部门的领导那里搁了三个月。据说,让出版社破例送审和有关部门领导踌躇不定的原因之一,是此书虽然对自1978年以来的留学浪潮给予了相当客观的描述,但在许多重大事件和问题上,作者没有表明"应有的"鲜明的观点和坚定的立场。好在这时,上海的《新民晚报》开始连载,读者反应强烈,出版社也就顺势推出,正赶上上海图书节,《留学美国》以每天近千册的销量,成为书市的第一畅销书,并很快风行全国。

《留学美国》成为畅销书,让人始料未及,而一时的盗版蜂起,更是叫人惊奇,其版式多样,品质参差,令人大开眼界,以致于此书的真正销量,至今无法得知。当然,可以确定的是,盗版的数量要比出版社正式公布的印数多得多。好在盗版盗"书",损失的是金钱,而不是读者数量。作者对此所能采取的最明智的态度,也许就是当年《圣经》印制者们惯常采取的态度:"欢迎翻印,版权不究。"

《留学美国》出版之际,正是《中国可以说"不"》一类激愤之作流行之时。此书对美国社会平实的描绘和冷静的评述,显然表达了另一种声音,也因此引起了海外的关注,以为可以从中判断出下一代中国青年的文化思想趋向。不久,此书在香港、台湾分别出版。2000年,日译本在日本发行;2002年,英文版在美国问世。

现在回想,当年有关部门领导的感觉不是完全没有道理的。在《留学美国》一书的写作中,我一直试图从一个观察者的角度,客观地记录下一个重大历史事件的进程和期间发生、经历和遇到的事件、场景和人物,而尽量避免轻率地去作出评判。我一直相信,新闻记者应当是一个观察者和记录者,而不该是一个裁判者,不论是政治上的、道德上的还是文化上的。

但是,就像我在《留学美国》初版序言中所说的那样,经过几年的海外留学生活,在我内心深处,不少东西改变了。这改变中包括观察世界的角度、看待事物的观念和分析问题的方式,而这一切必然会在书中反映出来。同样,在书中,我不仅试图勾勒出70年代末期以来中国留学浪潮的历史背景、人数规模和政策变迁,而且,更主要的是想记录下一个个中国留学生不同的经历和真实的感受,希望能以此反映出文化环境和社会体制的急速转换对一代中国青年思想意识的深刻影响。因此,本书在很大程度上,也反映和表达了新一代留学生对世界上的许多事物的看法和想法,这些看法和想法与我们过去所熟知和习惯的也许不同,但在今天的中国社会里正被逐步接受，并获得越来越大的关注和影响。

从《留学美国》初版问世到今天，不过短短六年，中国社会正以超出所有人想象的速度发展和变化着。当年，对于那些没有多少个人发展空间的年轻人来说，海外留学使他们在选择自己人生道路时多了一点梦想，而今天，年轻一代，对自己人生的选择，显然有了更大的自由；当年，留学的机遇一直是政策变化之间的空隙和个人与单位之间的角力，而今天，出国留学已经真正成为一种公民的权利，并有了法规的保护；当年，每一个从简单信仰的社会出去的留学生，在海外，都必定会经历文化的和意识形态的"双重的震撼"，而今天，在一个越来越现代化和多样化的中国社会，一种在承认人类生活方式差异性和复杂性的基础上而产生出的更为宽容的社会意识，正在变成被越来越多的人所接受的"公众意识"；当年，几万中国公派留学生在毕业之后，没有犹豫地选择了留在美国，使归国成为一条少有人愿走的林间小路，而今天，越来越多的海外留学人员，不愿自己的青春和才华以另一种形式浪费在海外，纷纷回国创业，找回留学的本义。

1854年，当中国近代第一位留学生容闳在耶鲁毕业回国时，带回了一个梦想：希望下一代的中国青年能够有机会受到他所受到过的西方教育。他的梦想，几经破碎，于一百三十多年后，开始真正实现。

1989年，在我抵达美国第一天，曾看到密歇根大学学生们校园周末聚会时的欢乐情景，当时，我内心感到震动，在那一瞬间，懂得了一个简单的道理:我们中国人——至少年轻一代的中国人——可以有另一种生活。不过13年的时光,中国的年轻一代,已经有了完全不同于上一代人的另一种生活。

今天,更多、更年轻的中国学子,正涌向海外,满怀自信地踏上了留学之路。他们又怀有什么样的梦想呢?他们又会为中国带来什么样的变化呢?未来的景象也许会再一次超过我们今天的想象。

留学浪潮中,多少激动人心的事件,多少澎湃起伏的情感,多少悲欢离合的遭遇,如今都已成为历史,引人沉思,供人借鉴。希望读者们能从这"一个时代的故事"里,看到一段历史的真实记录,也看到它对我们今天生活所具有的意义。

2002.10.20

面对另一个社会

(《留学美国》第三章节选)

我们从小生长在一个社会里,很自然地会将那个社会中的一切——社会制度、政治传统、宗教信仰、价值观念、生活方式和风俗习惯——视为天经地义的事情。尽管我们可能喜欢或不喜欢某些东西,但对其存在的合理性,我们几乎是从不会怀疑的——一切本该如此。

但是,有一天,当我们进入另一个社会,发现那里的人们在另一种完全不同的社会制度、政治传统、宗教信仰、价值观念、生活方式和风俗习惯下同样正常地生活的时候,我们会感到困惑和震惊。于是,我们对自己社会中的一切所保持着的简单而坚定的信念便开始渗入一丝怀疑。

这也许是许多中国留学生到美国后的最深刻也是最复杂的感受之一。

一个读电子工程学的29岁的研究生说,他出国半年后,突然对自己在国内时常常要向领导"汇报思想"——对此,他以前觉得很正常——觉得不可思议起来了:"我的思想干吗要向他们汇报呢?"

另一个在加州大学伯克利分校学习的33岁的博士生说,初学美国政治学,听教授讲美国的建国理想就是建立一个"弱政府"以保证政府无法控制个人时,他大惑不解。他在中国听惯了"大力加强无产阶级专政"的说法,而且,自己也向来认为政府是应该加强,不然,如何管理人民呢?

我们的思维不自觉地被自己的社会存在所局限,并进一步被自己的文化传统所局限。就像人类的思维无法摆脱人类自身存在的局限一样,我们也很难真正超越这种社会和文化的局限。我们很容易自然而然地认为,自己社会所代表的一切,无论好坏,都是正常的,并毫无怀疑地予以接受。

因此,只有当我们走出自己的社会,见到另一个不同的社会时,我们才有可能领悟到自己意识的局限。

但是,对一个人或民族来说,真正可怕的还不是这种意识的局限,而是在这种局限中形成的一种绝对思维模式。我们不自觉地以自己社会的一切作为是非标准来判断其他社会的一切。有时,我们能走出国门,却走不出这种绝对思维模式。

不少走出国门的中国人在外面看到的只是一些"西洋景"。国外的东西,有时尽管新鲜、有趣,但只要不符合中国人的传统,便自然属于古怪和异常一类。这种态度可以一直追溯到中国人自古以来的视异族为"蛮"、"夷",呼外国人为"鬼子"的"中央大国"的心态。

当然,这种绝对思维模式也可以逆向呈现。1978年后,当在几十年隔绝后重新打开国门时,中国人被外面的世界惊呆了。于是,不少人的思想立即趋向另一个极端:西方的一切都是合理的、科学的,而中国的一切都是丑陋的、病态的。

一百多年来,中国人对外来文化的态度不外乎是"中学为体,西学为用"的传统中庸之道和"取其精华,去其糟粕"的现代辩证方法。细究起来,这不过是基于同一种思维模式上的两种不同的判断和取舍方式。"为体"的"中学",不但是决定"西学"有用无用的基础,而且显然也是区分"精华"与"糟粕"的标准。

美国人在这方面有着几乎同样的问题。一百多年和平发展所造就的强大的经济力量、先进的科学技术、逐渐完善的民主体制和日渐流行的大众文化,使美国人过于自以为是,以为美国的社会模式是各国都应仿效的"样板",美式的价值观念更是衡量世界上一切事物的绝对标准,而很少意识到美国只是人类社会发展史上的一个例子,并很可能是一个颇具特殊性的例子。这种偏见的倾向在美国"自由"的学术著作中和"客观"的新闻报道中随处可见。美国人需要像中国人在"文革"后那样深刻地反思一下。当年越战的失败,曾给美国人一次小小的反思机会,可惜,那次反思进行得显然不够深刻。

基于这种绝对思维模式,人们往往会形成一种僵硬的"对错"意识。人们几乎是先验地从自己的社会生存方式中获得"正常"的观念,并不自觉地以其作为判断是非的标准。而就在把自己放在"正常"位置上的同时,他们便将别人放在"异常"的位置上。于是,"天经地义"的东西变成了"唯一正确"的事情了。

在一次野餐时,我和一位美国人类学教授谈起这个问题。我问他,在美国历史上,有没有一个时期,人们具有绝对的"对错"意识。他先是不假思索地说:"没有。"想了想后,说:"有。在清教徒时期。"过了一会儿,又说:"现在也有。"

实际上,正是人类学研究使人们注意到人类社会生存方式的多样性,从而帮助人们逐渐摆脱了过去狭窄的"对错"意识。

在人类思想文化传统中,"对错"意识,是最根深蒂固的东西。几千年来,它使我们的生活中充满了"卫道"的狂热和迫害"异端"的残酷。即使在今天,无论在任何口号——"自由"、"平等"或"革命"、"民主"——掩护下,它都最终会导致思想的禁锢、文化的封闭和政治的专制。

而在中国社会,这种"对错"意识则主要还体现在对"统一思想"的认同。"思想"的"统一"总是以对某种"思想"的绝对正确性的承认为前提的,这种对"统一思想"的认同,对中国人来说,几乎成为一种潜意识。一个美国政治学教授曾在中国做过一个调查,发现大多数中国人都说相信民主,但同时又都赞同"思想统一"。几乎没有人意识到这中间的内在矛盾。

当这种基于"对"和"错"观念的辨别而"统一"了的"思想"进一步变成信仰、主义或是"明天的理想"——某种要求人类为之作出巨大牺牲才能实现的抽象原则时,人类社会便会进入悲剧时期。历史上,人类被推向灾难的边缘,常常不是因为某些人有意要将大家引向地狱,而是因为一些人坚信只有他们才知道通往天堂的唯一道路。

我留学美国的感受,很有点像 1979 年我第一次读到"朦胧诗"时的感受。当时我想:"噢,诗还可以这么写!"到了美国后,我的感受是:"噢,人也可以这么活着!"

这里,我并不是在讨论社会主义和资本主义的意识形态之争,也不是在比较东西方文明的优劣。争论何方的月亮更圆,如同小儿辩日远近,智者也是说不清的。我讲的是更为基本的东西——人的生存方式和思维方式。

正像英国哲学家穆勒(John Mill)在《论自由》一书中曾经说过的那样:"认为人类的生存应当建立在某种或某些方式上是没有道理的。如果一个人具有相当多的常识和经验,他那能显示自我存在的方式就是最好的,不是因为就其方式本身来说是最好的,而是因为那是他自己的方式。"

我不知道有多少中国留学生具有和我相近的感受,但我相信,那几十万足迹遍布全世界七十多个国家和地区的中国留学生,从各自不同经历中学到和带回中国的许许多多东西中,将包括一种基于对人类社会多样性的认识而产生出的更为宽容的社会生存意识。

李斯其人

(《秦相李斯》自序)

李斯这个人物,让我着迷已经很久了。20岁时,第一次在《史记》中读到他的列传时,便有一种悚然的感觉。后来多读了几遍,想见其为人,那中间隔着的两千年的时光竟渐渐融解消失了,觉得他好像还活着,在我们中间。

我知道这里面有着一个好故事,可从来没有想过自己有能力把它写出来。《留学美国》出版后,受到不少读者的欢迎和朋友的鼓励,以至于自己有时真的把写作冲动当作写作才能了。于是,在谋生的百忙当中,偷闲发愤,历时两年,写成此书。只是年纪渐大,阅历渐多,做起事来却越来越少了正经,写作中间,常常严肃不起来了,不存寓教之心,只有自娱之意。

说是自娱,也为娱人。作品写出,是希望读者花钱来买,作家们的"奉献"之说,多少有些虚情假意。读者花了钱,要求一点阅读快感,实不为过。至于笑过哭过之后,有些感慨,多点醒悟,固然是好,没有似也无妨。教人育人,毕竟是圣人的事情;娱己娱人,方是文学的本意。

鲁迅先生在《故事新编》的序中说:"油滑是创作的大敌",但又说:"因为自己的对于古人,不及对于今人的诚敬,所以仍不免时有油滑之处。"读《奔月》,发现远古射日英雄羿回家,竟是"在垃圾堆边懒懒地下了马";而《出关》里,又看到老子留下的两串木札的《道德经》,被函谷关的关长"放在堆着充公的盐、胡麻、布、大豆、饽饽等类的架子上",不禁莞尔,对先生更加崇敬。

若有读者,在节假闲暇之日或夜深人静之时,随意翻开此书,读到某章某节某段某句,也能会心一笑,作者就算是有了知音。

1999.8.8

士大夫的宿命

(《秦相李斯》日文版序)

这是一本历史小说,但其中开了不少现代的玩笑,因为作者相信,历史小说如果与当代生活没有相关性的话,读者是很难有阅读兴趣的。小说2000年初在中国出版后,受到了一些读者的喜爱,让作者感到写作并非完全是在浪费时间。现在,小说有机会被译成日文在日本出版,作者深感荣幸,同时,也愿意相信,会有日本读者喜欢这本书,并能从那古老的历史故事中,读出当代中国人的精神诉求。

为什么要写李斯呢?读者也许会问。中国历史上,有许多人物比他更伟大、更有趣、更邪恶,也更富有戏剧性。

的确如此,但李斯一直让我着迷。我总觉得,他身上的许多东西,仍积淀在我们的血液里。他当年的选择困惑,仍常常是我们当今面临着的生存困境。

一个民族的性格,在很大程度上,是由历史上一些重大事件所塑造和一些重要人物所体现。公元前221年，秦始皇统一中国和其后的"焚书坑儒"，显然就是这种重大的历史事件，而在其中扮演了重要角色的秦相李斯，显然也是这种重要的历史人物。从某种意义上说，李斯和他的经历，是理解中国政治的一把钥匙，几千年来，游戏似乎仍遵循着相同的规律在进行着，而他悲剧性的一生，几乎就是中国士大夫阶层的宿命，当然，其中也透露出人性永恒的弱点——被欲望所引诱，而最终被欲望所毁灭。

2002.7.9

厕鼠与仓鼠

(《秦相李斯》楔子)

李斯是在如厕时对人生忽然有了感悟。

那年,他26岁,是楚国上蔡郡吏府里的一个看守粮仓的小文书,每天负责仓内存粮的登记,将一笔笔斗进升出的粮食流通情况,仔细记在一枚枚竹简上。那粮仓建在城东门外五里处,是楚国的国家粮库,一个土夯的长方形高台上,用苇席围成了几十个囤子,存放着稻、黍、稷、麦、豆等五谷杂粮。

茅厕就在这些粮囤附近。一个草席围住的粪坑,坑上横架着两根树干。

李斯进了茅厕,还未撩衣,先惊散了粪坑旁的一群老鼠。这群小耗子,只只瘦小枯干,探头缩爪,且毛色灰暗,一络络粘连,身上多少都粘带着些屎尿,正拼命地想从草席底下往外逃逸。其中一只小耗子因为过于慌恐,怎么也爬不上粪坑边沿,挣扎了几下,终于掉进粪池,弄得一身稠黄,尿汤淋漓。

李斯望着这些可怜的鼠类,一时竟有些尿不出来了。

他想起粮仓里的那些老鼠。那些家伙,一个个吃得脑满肠肥,皮毛油亮,偷吃着仓里陈粮时,都从容大方,见人来了亦不动弹一下,反而瞪着一双双小而聚光的鼠眼,一动不动地凝视着你,然后又会旁若无人似地"嘎吱嘎吱"继续吃它们的东西。

"人生如鼠呵!不在仓就在厕。"李斯想到它们同为鼠类,命却不同,不禁长叹了一声,"一辈子有无出息,全看为自己找什么位置了。"

叹完,才将那尿慢慢解了出来。

解毕,李斯回到粮仓,倚着一个囤子蹲下,望着秋日晴空呆呆愣神。澄静的蓝天上,一片片白云舒展变幻着,时而如龙,时而似虎。他脑子里却仍想着刚才的那些鼠类,睹物伤情,心中空落落的,不知自己一生将在何处安身立命。

他不想一辈子都守着这个小粮仓。自己现在看管的虽说是一个粮仓,不是茅厕,但比之楚之郢都,齐之临淄,赵之邯郸,秦之咸阳,上蔡这个地方,实际也只能算是一个"茅厕"。而自己呢,不过是这"茅厕"里的一个吃屎喝尿的小耗子而已。

如果一定要成为鼠类的话,他也不想当茅厕中的耗子,而一定要作一只仓鼠。

不知为什么,他的生活总是和老鼠搅在一起。

看管粮仓,除了记账外,就是与老鼠们搏斗。围席堵洞,挖沟掘堑,布毒设陷,都治不住这些无孔不入的小东西。他视鼠如仇,常常亲自围追捕杀,时间一长,倒也练得了一身徒手捕鼠的绝技。

傍晚时分，他喜欢一人蹲在粮仓角落里，静如处子般地候上几个时辰，猛然间，又动若脱兔似地扑出去，眨眼的功夫，双手便会各攥着一只"吱吱"叫着的老鼠。

他如此废寝忘食地与鼠搏斗，倒不仅仅是心疼粮仓里公家那点粮食，而是在捕杀这些老鼠时，有一种生杀予夺的快感。

抓获了老鼠之后，他便会按照自订的"鼠刑"来整治它们。其刑法正规而繁杂，斩首、杖毙、火焚、水溺、土埋、饲毒、挖眼、割鼻、断足、剖腹、腰斩、分尸，应有尽有。其中，分尸最刺激，就是把老鼠的两只前爪绑住，然后抓住两只后腿，用力向两边扯，刚才还"叽叽"叫着的老鼠就会被立即撕成血肉模糊的几块，如果抓住一窝老鼠，那就是"族刑"：将公鼠、母鼠和小鼠们依次处死，一只不留。

在上蔡守了八年的粮仓，他也就这样和老鼠们搏斗了八年。

二十多年来，李斯从未离开过上蔡城。他生在这里，长在这里。上蔡原是蔡国国都，二百多年前被楚国攻破，蔡国也就随之灭亡。二百年前的蔡国故迹，如今只剩下城东门外的几段残垣断壁了。李斯常带着两个儿子，大的八岁，小的五岁，牵着一只黄犬，在那一带盘桓。一边看着孩子们随着黄犬追逐野兔，一边独自抚今追昔，感慨身世。

听老一辈人说，家族祖辈当年也是宗室大户人家。先祖李属曾是蔡国上卿，统军主政，出将入相，且家有食邑千户，奴婢无数。后来不知犯何罪，突然被杀。好在蔡侯仁慈，没搞株连，家族才算留下一脉。族人对此事一向讳莫如深，靠小心谨慎，总算保住了贵族待遇。后来，蔡国亡败，宗族四散。到了祖父一辈，早已多辈务农，无功无爵，变为庶民。父亲早死，又因不是嫡出长子，家里连食田也未分得一分。待到自己呱呱坠地之时，家道更为贫寒，好在自己还算识文断字，才在郡府里谋了一个看管粮仓的差事。

多少年来，李斯一直想弄清先祖的死因。可当年蔡国的档案，早被封存在楚国的官府，百姓如何能够查询。这件事，便成了困惑在他心头的一个谜。

那天，李斯在粮囤下一直坐到天黑，看着暮色渐浓，群星闪烁。当一轮明月从远处东山之巅缓缓升起时，他想，自己该换一种活法了。

第二日清早，李斯匆匆离开了上蔡。他决定去兰陵，去拜见一代儒学大师荀况。他不顾妻劝儿啼，怀揣着九个鸡子、八个馍馍和一瓣大蒜，拎着包袱，扛着麻袋，毅然决然地一个人上了路。

远行前，他绕道去辞别老母。老母耳聋，带着一哑女，住在城外西南的山冈上。知道儿子要走，老母落下泪来，反复叮嘱，说："过年就回来。"他嘴里应着。

李斯这一走，终其一生，也没有再回来过。

那一年，距公元前221年秦始皇一统天下不到30年；距公元1949年毛泽东解放全国还有2100年。

我写孔子

(《圣人》自序)

在一个追求时尚化的年代,写孔子的故事,多少有点不合时宜,好在孔子本人就是一个不合时宜之人。

读者也许会问,为什么要写孔子呢?答案是,孔子让我感动。读司马迁《孔子世家》时,看他经历了许许多多失败后,仍不肯放弃,心中有一种莫名的感动,几乎不在乎他到底要坚持什么了。

像五四时代以来的大部分青年一样,孔子不是我的偶像,儒学礼教更不是我的向往。如今虽不再年轻,自以为也还没到要去尊孔的年纪,只是有了一些阅历后,深知圣人为之不易,同时也懂了,只要坚持,人人都有可能成为圣人的。

孔子所以成为圣人,在我看来,是他能终身坚持一种信念。人类在历史长夜中,没有信念,一定会走失,尽管信念本身,就像火把或灯光,其自身的光亮,与茫茫黑夜相比,实在微不足道。但我真的相信,正是因为有了信念——想去陆地生活或是想直立起来行走——我们的生命才发生了基因突变,成为人类,并一点点地进化。

小说中有些"大话",像写《秦相李斯》一样,作者有时忍不住开了一些现代玩笑,但书中人物,以及史实、情节、言语,不敢自夸"无一字无来处",至少"俱是按迹循踪,不敢稍加穿凿"。

书成之日,附庸一句风雅,曰:"知我者,谓我崇圣;不知我者,谓我嘲孔。"其实,本书之意,不在崇嘲之间。

2003.12.30

智 者

(《圣人》第 12 章)

　　周土的图书守藏室里静寂无声。一排排架子无精打采地立着,一部部竹简百无聊赖地码放在上面。午后的阳光,淡淡投射进来,在地上映出斑斑树影,树影又在不知不觉中,悄悄挪移着。

　　老子坐在排排的高架后面,正聚精会神地看着一片甲骨,因为眼神不好,脸凑得极近,像是快要贴上去了。

　　他在这里像这样一动不动地坐了六十多年了。作为守藏史,没有人记得他原来的姓名,也没有人记得他是什么时候来的。为了尊老,也为了方便,大家叫他老子,并且知道他会终老于此。

　　老子长发披散,须髯杂乱,像一个荒野土著,只因爱沐浴,还算保留了一点文明的习惯。

　　他刚刚洗好澡,换上干净衣裳,因为有客人要来。

　　他每天守着满屋子长长短短的竹简和烟熏火燎过的甲骨,思考一些玄妙而没有现实意义的问题,除了助手庚桑楚,一般不见活人,更不要说见外客了。

今天,他要破例了。

来访的客人是鲁国大夫孟僖子的两位公子,他们奉鲁君之命,开了介绍信,专程来周京雒邑,考察礼仪。世上之人,最喜这些虚礼浮事,君王尤甚,真是没有办法的事。孟僖子是老友了,生前有过书信往还,子侄来见,推辞不掉。听说,同行的还有一个叫孔丘的年轻人。

守藏室的那头,"咚、咚"地响起了脚步声,他嗅到了尘土味。这室内多年不扫,无为而治,四处落满灰尘,自然而均匀。平时没人来,倒也不觉得,现在客人一踏,就尘土飞扬了。

助手庚桑楚将三位远客领到了面前。他想站起身来,但腿脚使不上劲,没有成功。长年坐着读简,他腿上的肌肉,完全萎缩了,支撑不起沉重的肉身和硕大的头颅。他只好在座位上欠了欠身,然后,抬起眼睛,仔细打量了一下眼前的这几位年轻人。两个华服锦衣的,应当是孟家公子了,都长得眉清目秀、聪慧灵动,看上去像是良家子弟;后面那个高个子后生,一身布衣,高冠宽袖,显得奇朴古异,想来该是那个孔丘了。他又多看了孔丘一眼,见他立在那里,有些木讷,但浑身隐隐透出一股淡紫色的英气。怪不得,一早起来,就觉得紫气东来,当时还以为是春分过后,日照中紫外线加强了的缘故。

"君子得其时则驾,不得其时蓬累而行。看三位公子轻车骏马、意气风发的样子,一定都是得意的君子了?"

老子大声说道,热情而友好。他河南口音很重,咬字虽然不准,声调却是抑扬顿挫。

三个年轻人笑了,有些腼腆。

哥哥仲孙何忌先说:"奉鲁君之命,来京师雒邑观礼,有幸拜见大师,许多不明之事,想当面请教。"

老子说:"我本不是讲礼之人,只是读些古书,略知一二。诸位公子,既然不远千里而来,就请问吧。"

仲孙何忌问:"天子崩,国君薨,群庙之主,移位于祖庙,葬礼之后,何时返庙复位?"

老子说:"卒哭之后。"

弟弟仲孙阅问:"送葬之宾,路遇日蚀,应当如何处置?"

老子说:"停柩靠右,止哭待变,日出而后行。"

哥哥仲孙何忌又问:"诸侯见天子,几种情况下不得终礼而天子不怪呢?"

老子说:"四种情况。一是庙火;二是日食;三是后之丧;四是大雨湿衣。"

……

两位公子不停地问,老子一一作答,一旁的仲尼在紧张地记录。

问答完毕,室内静默下来,气氛肃穆。

这时,老子突然说:"天下有道,何必问礼呢?礼者,乱之首也。失道而后德,失德而后仁,失仁而后义,失义而后礼。讲礼之时,就是失道之日,天下一定是乱得一塌糊涂了。"

几个年轻人,正沉浸在周礼的博大精深之中,听了这话,顿时面面相觑。

一直没有说话的仲尼,这时开口了:

"敢问何为天下之道?"

"老夫何敢言道?敢言道者,只有当今之博士吧?道可道,非常道;名可名,非常名。道之为物,恍惚之间,先天地生,不可名状。强为之名,字之曰道……"

仲尼抓住间歇,继续追问:"天下大道,循而行之。大道不明,何去何从?"

老子微笑了:"道生一,一生二,二生三,三生万物。一统天下,楚汉相争,三国演义……仔细体会。仔细体会。"

两位公子此时早就懵了,不知老子在说些什么。仲尼也听得似懂非懂,皱着眉头,正用力思考,想领会其中深意。

想了一会儿,仲尼换了一个角度,又问:

"天下失道已久,诸侯征战,邦国无秩,君臣自谋,人心散乱,不知该从何处收拾起?丘读遍《诗》、《书》、《礼》、《乐》,就是找不到答案。"

老子微微颔首,指了指一室满架的竹简,缓缓说道:

"子之所言,实乃书生之见。书者,陈言遗迹也。言为人之思也,其人骨已朽,其言也就陈旧了;迹为履之所出,其履底已烂,其迹又何处留痕呢?书中道理,只在书中是道理,世间如何行得通呢?"

"敢请大师指点。"

"天之道,损有余而补不足;人之道则不然,损不足而补不足。

归依天道,天下自然太平。"

"这些道理,怎样才能给君王讲明白呢?"

老子笑了,眯大眼睛,饶有兴味地看着仲尼。他喜欢眼前的这个年轻人,好争辩,认死理,让他想起了自己年轻时的样子。

"君王哪里要听这些道理呵?"

"人总是要讲道理的。君王是人,当然也要讲道理。"仲尼执拗地说,"道理只要对,君王就应该照着去做。"

"君王自有君王的道理,他不要听你的道理,他要你听他的道理。"

"那要看谁的道理对呵!"

老子哈哈笑了起来,咧开了瘪下去的嘴,里面没有一颗牙齿了:"君王有社稷,有王位,有兵马,有刀剑,有律法,有牢狱。他比你强大,也就比你更有道理。再说,大家不是要靠俸禄过日子吗?"

仲尼愣在那里,半响才说:"正是有俸禄之养,君子才更有责任,向君王指明天下之大道。不然,君子不就是失职了吗?"

老子摇了摇头,说:"我听说,富者,送人以财;智者,赠人以言。我窃智者之名,年青人,就送你几句话吧。记住:聪明而好议他人者,死亡不远了;博辩而言人之恶者,危险近身了。为人之子,不要考虑自己的利益;为人之臣,不要有自己的思想。"

这时,阳光移走了,窗外天色阴沉了下来。老子背光坐在暗影中,身体的轮廓清晰,面目模糊,只剩下一双眼睛,灼灼闪亮,像黑夜里的磷光萤火。

"难道眼看着天下就这样乱下去吗?"仲尼还是想不通,低声嘟囔着,像是发问,又像是自语。

这时,老子又埋下头去,继续啃读那一片刻满文字的甲骨。光线太暗了,字已看不清了,不过,他读书本来就不真的用眼睛。

他嘴里念念有辞:"天行健,道法自然。致虚守静,观复周行。道曰大,大曰逝,逝曰远,远曰反……"

客人们告辞了。老子又想站起身来,还是没成功,只好在座位上欠了欠身。三人踏灰扬尘地走了,走到门口,快要出守藏室时,老子把他们叫住。

他远远看着仲尼,张开了没有一颗牙齿的嘴,用手指了指,问:

"牙齿还有吗?"

仲尼摇摇头。

他又指了指自己的舌头,问:

"舌头还在吗?"

仲尼点点头。

老子没再说什么,高高地拱了拱手,算是和三位后生告别。

三个年轻人,不知道老子和他们打的是什么哑谜,到了门口,不好走回去再问,也就拱拱手告别了。

庚桑楚将三人送到门外。老子望着他们离去的背影,轻轻叹了一口气:

"后生可畏呀!可畏在身上的这股傻气。世上总会出一两个傻人,要去做一些傻事。没了他们,人世间怕是太冷清了,史书上也没有东西可记了。"

　　说完,他继续去读那片甲骨,却发现屋里太暗了,连那片甲骨也看不见了。外面的天全黑了,在庚桑楚回来点亮灯烛之前,他什么也做不了,只能静静地坐在黑暗里。

第四辑　｜　读书忆人

　　三篇书评,讨论的不是书的优劣,而是读书时引起思考的问题;两篇散文,怀念的不是人物的不凡,而是平凡生活中的温情。

罗素的散文

凭非文学性作品而获得诺贝尔文学奖的人，在历史上屈指可数，其中就有1950年得奖的罗素。他是英国的哲学家，他的散文证明了他获得这一荣誉完全是当之无愧的。

罗素的散文会使你发现：哲学家并不一定只能写一些像教科书那样枯燥乏味的东西，有时他们能和诗人写得一样美，一样动人，也许还能包含更多的生活哲理。罗素曾把人的一生比作一条河流——童年好像峡谷中的涓涓小溪；青年时代则是奔腾激荡于巉岩峭壁间的湍流、瀑布；而中年，就像一条渐渐宽广、渐渐平缓的大河；到了老年，人们也将像河水那样，静静地注入永恒的大海，毫无痛苦地融汇于人类历史长河的波涛之中。为此，罗素劝告老人们不要过分沉湎于过去，也不要害怕死亡，而应展望未来。他说："我希望自己能在工作时死去，并且知道别人会继续做那些我来不及做的事情。当我想到那些工作将会被完成，我就感到满足了。"

罗素认为人不能保证不犯任何错误，但却可以避免一些愚蠢可笑的错误。他强调亲自观察，特别是当问题凭观察就可以解决的时候。亚里士多德以为妇女的牙齿比男子的要少一些——罗素举例说——他本来可以避免这样的错误，只消请他的夫人把嘴张开来亲自数一数。罗素还告诫说：如果别人相反的意见使你发起火来，你就应特别警惕，这可能意味着不是你自己的论据中还欠缺点什么就是对方的观点有一定道理，因为"如果某个人坚持二加二等于五，或者冰岛在赤道上，你只会感到怜悯而不是忿怒"。

罗素的散文简洁明快。他总是一下子就抓住问题的核心，然后再从从容容地把问题一层一层地展开，文章层次分明、结构严谨，同时又显得跌宕多姿，这实在值得擅长给文章穿衣戴帽的作者借鉴。罗素在写作中还很注意节奏感，他的散文作品从英文翻译过来以后仍能使人感到一种舒缓不迫、迂徐有致的韵味，甚至叫人联想到我国古代荀子、欧阳修的散文风格。罗素的经验是：多朗读一些优美的散文。他认为"一个人会不自觉地把他正在阅读的作品的抑扬顿挫的节奏感再现出来"。

罗素的散文，无论就其思想的明智还是风格的优雅，都很值得一读。如果你正在学习英语，那么读读原文，你会得到更多的收益。当然，这位20年代在中国讲过学的著名学者在哲学的两军论战中并不属于唯物主义阵营，他的一些观点需要我们用自己的头脑来思考、分析和判断。

1984.9.17

太阳会从东方再次升起吗?

——读《展望二十一世纪(汤因比与池田大作对话录)》

历史上,人类文明的重心犹如太阳一样在不断地由东向西移动着。最古老的文明无疑是由东方的中国、印度和古埃及创造出来的;但阳光不久便洒向了地中海沿岸,那里孕育出了灿烂的希腊、罗马文明;如果说欧洲漫长的中世纪似阴云蔽日,那么,15世纪意大利文艺复兴运动则如日耀中天,构成了人类文明史上最辉煌的时刻;之后,"太阳"继续西移——先是西欧,然后是北美。

当然,太阳是不会凝住不动的。整个人类历史,从某种意义上说,就是各种文明的兴衰更替史。今天,当"西方的没落"已经成为欧美一代有识之士共同的叹喟时,有人又将目光投向东方:太阳会从东方再次升起吗?

对此,汤因比,这位被誉为"国际智者"的当代最著名的英国历史学家,在《展望二十一世纪》(以下简称《展望》)一书中给予了极为肯定的回答。他预言:在人类史的下一个阶段,西欧将把其主导权转交给东亚,而中国将有可能成为使世界走向大同的地理和文化的主轴。他对中国前途的预测使《展望》一书在我国读者中引起了广泛的兴趣。

汤因比对 21 世纪的展望,与我们通常仅仅着眼于社会政治制度的具体分析不同,体现出一种对人类命运带有哲学思辨色彩的宏观把握。在历史观上,他将人类历史分为同时并行的 26 种文明,并说自己毕生的努力就是要使现代西方人"动摇并抛弃一个滑稽透顶的错误信念——现代西欧文明在各个方面都超过了其他文明而达到了顶峰"。汤因比承认,在近代科技竞争中,西方人是走到了前头,但他认为,由于西方人对科学技术的迷信,以及这种迷信在一些人贪欲的支配下导致的对科学技术的滥用,正使现代西方文明面临着毁灭性的危机。他在书中与池田大作所探讨到的世界当前迫切关注的种种问题:生态平衡的破坏、核战争的威胁、城市的畸形发展……都是这场危机的征兆。对于人类的生存和进步,汤因比指出,科学技术并不是决定一切的因素。从认识论的角度看,科学在迫近客观实在的过程中总有一个无法突破的"最后界限",从而在某些方面限制了人类对宇宙更深刻的认识;从伦理学的角度看,科学的发展是否有助于人类精神境界的提高和相互间敌意的消除,至今仍是个疑问。作为虔诚的基督信徒,汤因比显然有些过分地强调了宗教在文明中所具有的作用,甚至将其视为各种文明产生、延续的"生机源泉",但他正确地看到:历史上,每当一个民族失去信仰时,他们的文明就会崩溃。因此,西方世界科学技术的光辉业绩与人们道德伦理的极度贫乏所形成的空前巨大的鸿沟,不能不使汤因比预感到当年希腊人、罗马人的悲剧命运正在慢慢降临到现代西方人的头上。他认为,如果西方人不在精神领域进行根本性的变革,那么,他们在21世纪所面临的前景将是很可悲的。

但是,汤因比在东方却看到了一种新文明崛起的希望。他在中国古老的文化中发现了现代西方文明格外缺乏的、而又是人类在21世纪继续生存所必不可少的东西——一种能使一个民族在两千多年的历史长河中一直保持政治、文化统一的共同的生存信念和融孕于儒、道、释三家学说中的力求与自然和谐的神秘的合理主义精神。他指出,凭借着这种文化传统,中国只要通过强行军在科技领域赶上西方,就完全可能创建出一种不同于西方的新型现代文明。在未来的岁月中,能够以自己的文明为核心,通过不断结晶扩大的方式来引导人类走向大同的将"不是西欧国家,也不是西欧化国家,而是中国"。

汤因比有关中国前途的预言,显然基于他对中国传统文化的认识和分析。对中国读者来说,他的观点不仅是悦耳的,而且是极富启迪的,能使我们更深刻地意识到自己古老的文化仍然蕴含着多么蓬勃的生命力;另一方面,同样是对中国读者来说,汤因比的观点又是特别值得警惕的,因为它会助长我们对传统文化产生一种荒唐的幻想,这幻想除了使我们的民族虚荣心得到某种满足之外,就是造成一种以为中国传统文化能够自然而然地与社会现代化进程相适应的错觉。

传统文化,作为一种历史的存在,它的作用和价值只有在现代人的实践中才能得到证实和体现。问题的关键在于我们对传统文化是否能从整体上保持一种冷静的批判意识。没有这种批判意识(说来可悲,批判意识正是传统文化中最为缺乏的东西),我们就会像陷入沼泽一样陷入传统文化,最终难以自拔,古老的文化也将带着自身许许多多的"精华"而不可避免地走向衰亡。

太阳会从东方再次升起吗?汤因比在《展望》一书中只不过就其可能性作了逻辑上的推测。历史从不决定于任何理论上的论证,而只决定于人们每一步具体的抉择。中国古代有一个"夸父逐日"的神话,我们的祖先曾以惊人的毅力追赶过太阳。但是,作为子孙,我们却长时间地嬉息于祖先留下的那片可供遮阴纳凉的"邓林"中,终于让太阳远离我们而去。现在,我们最需要的就是恢复夸父身上的勇气,走出林子去继续追赶太阳,因为文明的太阳是坐等不来的。如果一味躲在林中,那么,到了本该旭日东升的时候,我们却可能迎来一个阴霾的早晨,甚至是一场暴风雨。

1987.7.16

还原孔子
——读《胡适之说儒》

一年前,我开玩笑说,孔子和儒学会重新成为我们生活的"时尚"。当时采访的记者听了,发笑,想来不是以为我幽默,而是以为我"追孔"追得有些"迂阔"了,失去了时代感。

一年后的今天,孔子虽还没有热到星巴克里的男女人手一册《论语》的地步,但其"炙手"的程度已是人人可以感受到的了:"孔子学院"满世界地开设,著名大学争办"国学院",祭孔大典办得像"同一首歌"似的一般热闹,据说今年更要有电视直播……多年的涓涓之态,终于有了滔滔之势。

有关孔子和儒学的书籍,这些年来也是越出越多,且多时尚包装,间有插图漫画,看上去不大像"国故"了。这其间,胡适的这本《说儒》应时而出,成了"热销"之书。

这其实是胡适的一本旧著,可说是"旧书新编"了,但书中的一些灼见,至今仍有穿透力,显示出真正学术的长久生命。

关于孔子和儒学，胡适的两个观点颇有创见。一是讲"儒"原是一些殷商贵族，亡国之后，做了周人的臣仆奴隶，只能以占卜、治丧之类的专门的知识技能来伺奉新主人，渐渐成为一个特殊阶层；二是孔子的超乎寻常的政治自信，很大程度上植根于殷商遗民之民族复兴的期望，这种期望直接表现为"五百年必有王者兴"的预言。胡适将孔子和儒学放回远古社会的境况中去考察和理解，孔子"予殆殷人也"的自叹，可以说是对其文化精神本源的最好说明。

孔子和儒学至今仍是易于引发论争的敏感话题，话题上网，便会跟帖无数，争得天昏地暗，群情激愤。很多时候，大家争论的并不是同一个孔子：有秦汉的，有汉唐的，有宋明的，也有五四的、"文革"的，还有政治的、礼教的、文化的、封建的、现代化的……历史附依于孔子身上的东西已经太多了。

对孔子和儒学，我们必然会有重新的认识。这种重新的认识，我以为，将会始于"还原孔子"——寻回一个初始本原的孔子。

2005.9.19

舅公葛传椝

从小听说,舅公葛传椝是一个奇人。说是奇人,有两个意思:一是有些名;二是有些怪。先说"名",舅公生前是著名的英文专家,有"活字典"之称,是《新英汉词典》的主要编写者之一;再说"怪",舅公虽是复旦大学的英文教授,自己却从未上过大学,他的专业是英文,一生又从未出国留过洋,连一张"克莱登大学"的文凭也没有。

用今天的话来说,舅公是自学成才。他的英文完全是自己在家里学的,还有就是在街上听外国传教士布道,当作听力练习。父亲回忆说,他小时候在学校学英文,回到家里讲,舅公一听就说:不对,不对。然后,马上找出一份香皂的英文说明书,当作教材,亲自来教甥辈。他40年代编纂出版的《英语惯用法词典》,一直是这一领域的重要参考书。

说舅公没有出过国,还不够夸张,实际上,他连上海都没出过——除了去过一次黄山休养。不过,据说他根本没有上黄山,只在山脚下的旅馆读了几天英文,就回沪了。有趣的是,80年代后,他为许多想出国留学的学生写过许多推荐信,他说:"君子成人之美。""之美"者,赴美也。

英文是舅公生活中的全部乐趣。他每日的工作就是在阁楼上阅读英文报刊。他的"阅读",真是"不求甚解",全不管内容,只看句型和用法。每当发现文章中有新的短语和用法,并出现两次以上,他就会像发现新的行星一样兴奋,认真记录下来。因此,他的英文有时会比英美人还时尚,而这日积月累的记录,就是一部新英文词典的坚实基础。

舅公一生的心血集中在了《新英汉词典》。词典在1976年12月第一次出版时,没有编写者,署名为"《新英汉词典》编写组"。开篇的前言是这样写的:"《新英汉词典》是在无产阶级文化大革命伟大胜利的鼓舞下,在'批林批孔'运动深入发展的大好形势下编写、出版的。"直到"文化大革命"结束后,1978年新版的《新英汉词典》发行时,词典上才印上了编写者们的名字。舅公的名字被排在了第一。

我只见过舅公一次。那是在80年代初期,印象中,换乘了好几趟公共汽车,到了当时很是偏远的复旦校园,又费了些时间,才找到舅公的住所。舅公刚好工作完,从阁楼上下来。他人高且瘦,以前家里人都称他为"高娘舅",我循例,叫他"高舅公"。那天,在舅公家,我吃了午饭,菜很丰盛,又听他谈了许多当时我完全不懂的英文。

再见舅公的时候,已是1997年的岁末了,他的骨灰在家乡嘉定的一个墓园里入葬。那年,《新英汉词典》已经重印了四十多次,发行了八百多万册,如今,词典的印数,快要突破一千万册了。

2003.7.22

我的小学老师

1996年,我的第一本书《留学美国》出版时,曾有记者问我心情如何。我说,自己好像是在小学课堂上,将写好的作文交上去,正等着老师的评判。说这话时,我心里想到的是我在上海徐汇区第二中心小学——即现在的"汇师小学"——四年级时的班主任邓南生老师。

邓老师是语文老师,也可以说,是最早欣赏我的"文字"的人。当年,我的一些幼稚的作文,常常得到她的高度表扬和热情鼓励。正是这表扬和鼓励,让我对写作有了兴趣,也有了自信。每次作文,我会努力写出一些别出心裁的"开头"和格言似的"结尾"。写好后,心里总有种紧张的期待,不知邓老师会怎样评判。有时,班上作文讲评,邓老师一篇篇表扬着同学们的作文,却没有提到我,让我感到自己作文上的"创新"也许失败了,直到快要下课了,才突然听到邓老师讲:"这次班上作文,最好的还是钱宁同学的这一篇。"然后,我的作文会当作"范文"在班上朗读。

后来，每当记者问我是怎样走上"文学创作"之路的，我总是回答，是因为我小学语文老师的鼓励。

"文革"年代，我能在上海徐汇区第二中心小学读两年书，真可以说是"上天"的"眷顾"。那年，父母接到"命令"，要在三天内，从北京下放到安徽的"干校"。父母无奈，只好将10岁的我紧急送到上海外婆家。外婆家在徐家汇，于是，我就近入了附近有天主教堂和气象台的徐汇区第二中心小学。

刚转学时，除了有适应新环境的局促不安，我还有学业上的压力。在北京时，因为"文革"的爆发，我们那一年的孩子，都晚了一年入学，上完一年级后，就直接跳到了三年级，算是把"损失"的一年给夺了回来。到了上海，又直接上了四年级，但才发现，自己有许多东西还没学过，像拼音、珠算、外语。

正是邓老师的关心和同学们的帮助，使我很快跟上了功课，并融进了新的班集体。我仍记得，相当长的一段时间里，每天下午放学后，邓老师都会把我留下来，自己或安排同学为我补课。

当然，我也有让邓老师和同学们感到骄傲的地方。作为从小在北京长大的孩子，我纯正的北京口音，在当时努力推广"普通话"的小学校里，显然出类拔萃。我成了学校广播站的"主持人"，并以"小北京"而闻名全校，还被派到徐家汇中心去做交通安全的广播宣传。那时，徐家汇的车辆不像现在这样多，有一点城乡结合部的味道。

不久，不知为什么，学校忽然批判起"师道尊严"来了。班上的同学——尽管不大懂什么"师道"，也不懂什么"尊严"——都被要求给老师们写"大字报"。大大小小的"大字报",很快就挂满了每个教室。记得邓老师还专门在班上诚恳地说过,欢迎大家积极给她提意见。那些"大字报"里写了些什么,早已不记得了,但我的作文写得好,估计"大字报"也写得不差,总会有些"与众不同"的。我们都给邓老师写了"大字报"。

两年后,因要回北京,没有毕业,我就离校了。临行前,我特地去向邓老师告别。虽然那时,她已不再担任我们的班主任了。像所有老师嘱咐自己的学生一样,邓老师嘱咐了我许多。她显然知道,学生远走之后,也许就很难再见面了。

《留学美国》后来成为风行一时的畅销书。当时,我曾想过,邓老师会不会看到这本书,知道这是她当年的一个学生写的?我后来曾去徐家汇教堂边的小学看过,被告知小学早就搬迁了。我的一个侄女也曾在这个小学读书,我问过她,是否认识一个邓老师?她茫然地摇头。

2004年5月,我的又一部小说《圣人》开始在《新民晚报》连载。一天,报社突然转来一个电话,问这个写《圣人》的作者,是不是当年在上海徐汇区第二中心小学读过书?我将电话打回去,接电话的竟是当年小学里最年轻的汪耀鸿老师,她现在是汇师小学的校长。汪老师告诉我,上海徐汇区第二中心小学的前身就是汇师小学,小学恢复了过去的校名,迁了新址,正在准备庆祝120周年的校庆。我这才知道,自己当年上的居然是一所历史比北大、清华更悠久的学校!更令我惊喜的是,汪老师告诉我,邓老师八十多岁了,虽早已退休,但身体健康,她不但知道自己的学生写了书,还知道学生没有忘记她这位语文老师!

  我也有过做教师的经历,我懂得,作为一个老师,最感欣慰的莫过于学生成长起来之后,还记着你这位老师;而作为学生,最感高兴的也是,有一天见到当年的老师,能够说一声:老师,我没有辜负您当年的期望。

2004.11.12

第五辑 ｜ 访谈文字

二十多年前,作为人民日报文艺部的记者,我采访过许多文坛前辈和学界大家。如今,其中的不少人已经离世远行,只留下他们的睿智谈吐和音容笑貌在这些访谈文字中。

曲高自有知音

——访周振甫先生

周振甫先生,学者,中华书局编辑。40年前,他曾是钱钟书先生《谈艺录》一书的责任编辑。"文革"期间,他有幸成为钱先生《管锥编》手稿的第一位读者,并在1979年,又为这部巨著的出版承担起责任编辑的职责。

记者:《管锥编》问世以来,学术界无不为其精深博大而叹服。钱先生在书前小序中云:"命笔之时,数请益于周君振甫",并在著作中多次引征了您的观点。先生能否谈谈当时的情况?

周:钱先生那样讲,我实在惭愧。那还在"四人帮"控制时期,大概是1975年,钱先生住在那时文学研究所楼下的一间房间里。一天,他忽然要我去他家里吃晚饭,我不知道有什么事情,下班后就去了。我到的时候,他已在院子里等我了。吃过饭,钱先生拿出一沓厚厚的稿子,说要借给我看,这稿子就是《管锥编》。钱先生的著作是非常珍贵的,我以前是不敢向他借的,怕丢失了就不好办了。这次,他要借给我看,很出我意外。他只是说要我给他的稿子提点意见。提意见,我是没有资格的。不谈外文,就是中文,钱先生读过的书,很多我没有见过。我因为能拜读到钱先生的著作而喜出望外,所以,就不管能不能提意见,先把手稿捧回去了。

记者:钱先生后来形容先生是"小叩辄发大鸣"呵。

周:我是读到一些弄不清的地方,就找出原书来看,有了疑问,就把一些意见记下来。我把稿子还给钱先生时,他看到我提的疑问中有的还有一些道理,便一点也不肯放过,引进了自己的大著中。钱先生的《管锥编》很讲究文采,所谓"高文一何绮,小儒安足为"。他把我的一点意见都是用自己富有文采的笔加以改写了。《管锥编》出版时,我曾提请他把序中那几句话改掉,他不肯,就只好这样了。

记者:那么说,钱先生的《管锥编》实际上早在70年代中期就已完成了?

周:《管锥编》是在1975年写定的。杨绛先生在《谈〈堂·吉诃德〉的翻译》一文中也谈道:"1972年,我和钟书从干校回来","借住在办公室","我和钟书在这里住了三年,他写完《管锥编》。"只是在当时那种情况下,钱先生不愿意将书稿拿出来。以前,我有问题去请教钱先生.他有时拿出一个笔记本,翻开来让我看,上面就可以找到解答问题的记述。钱先生看书非常快,而且一看就能抓住书中的精华,从人家不注意的地方看出许多文心独具的佳处。《管锥编》好像就是根据这些笔记的积累写成的。在写定的时候,钱先生一定要找出原书来看了,才肯落笔。

记者:的确,《管锥编》的体例很像一部读书札记。全书引用了古今中外近四千位作家的上万种著作。钱先生往往曲终而奏雅,在最后寥寥不足百字的评述中,提出超越前人的灼见。而且,犹如高明的大设计师,他不但为你准备好极其丰富的建筑材料,并且向你指出以前各种大厦小堂构筑的得失,以激发你创造性的设计思维。所以,有人私下总是对钱先生不肯将自己许多精辟深邃的艺术见解构成一个完整的理论大厦感到不解。

周:猜想起来,钱先生可能有自己的想法。历史上,许多文艺理论家看到前人所建立的理论体系的不足,就补偏救弊,建立起一个新的理论体系。但是过了一些时候,又会有人起来补偏救弊……实际上,无论怎样补偏救弊,文艺理论体系不可能是绝对完善的。钱先生不愿意循前人旧路去创造什么理论体系,而总是从具体作品的研究入手,总结出一些实实在在的文学规律。

记者:这一点,钱先生在《旧文四篇》中也曾谈到过。他说,许多严密周全的理论体系都经不起历史的推排消蚀,剩下来有久远价值的东西往往只是一些片断的思想。

周:钱先生在文学上有许多创见,本来不是不可以构成自己的理论体系的。他不愿这样做,这里也许还有另外一层意思。钱先生治学是非常严谨的,提出的观点一定是要颠扑不破的,他不愿为勉强形成一个体系而去讲一句空话,违反自己治学的基本精神。

1987.1.12

中外文化交融的"断"与"续"

——访施蛰存先生

施蛰存,现代作家,30年代曾以创作心理小说和主编文学期刊《现代》而知名,后转向古典文学研究,现为华东师大中文系教授。

记者:文学创作,对您来说,已经是半个世纪以前的事情了。有意思的是,一些研究者现在开始将您视为中国文坛上第一批"现代派"作家,而不少崇尚"现代派"文学的青年在读了您30年代创作的那些充满"现代意味"的心理分析小说后也感到相当惊奇。

施:我那些东西只能算是"出土文物"了。有人说很"新",我说,"新"在哪里?那不过是30年代的东西呀!无论是从新文学运动的角度还是从当时世界文学发展的状况来看,都是如此。要说今天还能使人感觉"新",那实在因为我们关门关得太长久了!

记者:您的意思是说,这种"新奇感"只不过是长期自我封闭的结果?

施:门关久了,再打开时,外面的一切都会觉得"新",现在的东西是"新"的,五六十年代的东西是"新"的,甚至三四十年代的东西也会感觉新鲜。我觉得,现在乱也乱在这里。外国文学的介绍有一种"赶时髦"和追求"票房价值"的倾向,大家争着译荒诞小说、惊险小说、庸俗的爱情小说,介绍进来的多是些二三流的东西,真正一流的作品反倒不多。一般搞文学的青年又多不懂外文,文学史的基础知识也很缺乏,他们接受外国文学多少有点像到时装店去挑衣裳,这件摸摸,那件瞧瞧,自己并不知道哪种好。有的人已跳过了"荒诞派",有的人还在补"心理分析"、"意识流",这中间实际上要差上三四十年呢!

记者:青年一代对现代西方文化的认识的确缺少一种纵深的历史感,对他们来说,这个派,那个派,好像都是这几年的事情,不过,若为此而一味责怪他们浅薄,我觉得也不够公平。

施:这不能怪青年。怪来怪去,应当怪我们关门关久了!30年代的文艺界,无论是所谓"京派"、"海派",还是早期的左翼作家,他们对外国文学都相当熟悉。那时候,外面有了什么新书都能进来。苏联的进步文艺杂志在秘密书店里也可以买到。我们对国外文学的了解和吸收基本上是和他们文学发展保持同步的。

记者:这也是"五四"新文化运动的一种传统吧?古老的中国文化正是在与外来文化的碰撞和交融中不断得到更新。

施:是啊。可后来这个传统断掉了,关门意识慢慢来了,文学的视野越来越窄,欧美的东西,都认为是资产阶级的,拒不接受——这是我们文化发展的致命伤。现在西风又吹进来了,我们的文化当然要受到冲击。有些人已经看不惯了,但应当认真想想的是,为什么会这样?其实就是因为当年我们对西方文化的了解中断了,没有经历人家文化发展过程中的那些阶段。他们的文化也是一个传统下来的,即使你不准备接受,也应该顺着其发展脉络去了解,这是无法省略或跨越的。

记者:历史的因果链条真是环环相扣!那么,现在应当做些什么呢?重新把大门一关了事总不算是好办法吧?

施:当然,这扇门不能再关了。"中国本位",不能排除吸收外来文化;而吸收外来文化,也不会使中国文化变成全盘的外国文化。所以,我现在主张两个字:"续断"——继续"五四"以来那个断掉了的传统。也就是说,我们需要补课,要像鲁迅先生编《译文》那样,有一点计划和选择,将近几十年来欧美文学(包括苏联文学)的发展,系统地介绍进来,使青年们减少一些不正常的"新奇感"。关门关了那么多年,这中间已经有了一条很深的鸿沟。这条沟不填满,我们是无法继续向前走的。

1987.6.8

"它深潜在我们本性中"

——孙越生为"官僚病"把脉断症

孙越生,中国社会科学院文献情报中心研究员,多年来致力于官僚政治研究。他是王亚南先生的高足,当年曾为王亚南先生抄校过《中国官僚政治研究》的书稿——这是我国第一部用马克思主义方法系统剖析传统官僚政治而遗憾地被冷落了三十多年的著作。"文革"期间,当王亚南先生在病床上为当时"少数骗子统治多数哑子"的状况而发出临终叹息时,孙越生开始痛切地感到:不清算封建官僚主义,中国就不会有希望……

记者:经过"十年浩劫"的中国人民,现在比过去任何时候都更强烈地意识到官僚主义的巨大危害。近年来改革文学一直是以对官僚主义猛烈抨击为主旋律的,电视剧《新星》也正是因为勇敢地触及了这一"敏感点",才激起了观众超乎寻常的强烈反响。

孙:是的,《新星》体现了民心的向背,发出了载覆的信号。当年,马克思也没想到,在他所说的共产主义"幽灵"身上会有官僚主义幽灵附体！列宁通过实践开始觉悟到苏联官僚主义问题的严重性，但已来日无多。斯大林反对下属的官僚主义，只是为了加强自己的官僚主义，所以，他对维辛斯基的"法是统治阶级意志说"感到特别受用，醉心于无限加强国家机器的阶级镇压意志——实际是他自己的意志。中国革命是以武装斗争为主要形式，走农村包围城市的道路，当时更需要彻底的一元化人治领导体制来保证全面的胜利。但是，这种人治体制一到和平建设环境和开放环境，就很容易成为寄生和滋长官僚主义的温床。共产党人在国内消灭了剥削阶级之后，本应该转而运用正常的法治、文教和经济手段，而不是"打碎"、"砸烂"的阶级斗争手段，去完成克服寄生在党和国家肌体上的官僚主义病菌的伟大历史使命。可我们所有历史唯物主义和科学共产主义教科书对现实官僚主义问题，甚至传统官僚主义问题都讳莫如深，实在不能回避时，或归结为阶级范畴而予以掩盖，或诉之于作风问题而轻描淡写，致使我们在今天——王亚南先生所预言的绝不允许任何特权性官僚政治存在的"人民的时代"，仍为官僚主义问题而深感困惑。

记者： 现实的困境可以归咎于历史的失误，但是，在官僚主义已成为"过街老鼠、人人喊打"的今天，以权谋私、贪赃枉法、推诿扯皮等令人气愤的现象为什么仍然层出不穷、禁而不绝呢？您认为这应归咎于封建残余的长期影响、社会体制的固有缺陷，抑或是其他什么原因？

孙： 这必须从官僚主义的起源说起。官僚主义问题是比阶级问题更为古老的人类通病，它深潜在我们的本性中。人类的

"占有欲"和"权威欲"是构成官僚主义的两个最基本的要素,这种"占有欲"与"权威欲"是随人类社会组织而俱来的,正如人类的友爱与团结的天性也是随人类社会组织而俱来的。人类的"占有欲"和"权威欲"借助社会组织和官僚地位就可能导致剥削与压迫,正如人类的友爱和团结的天性借组织和官僚地位就表现为清官的高贵品德——奉献与公平一样。剥削与压迫,这对"恶"的孪生子有相通的地方,但也有不容忽视的差别与独立性。由于有了《资本论》,我们对于剥削的社会性质有了深刻的了解;但由于还没有一部功力相当的《权力论》,我们对于植根于权威欲的那种官僚主义压迫现象就缺乏足够的研究和理性的认识,常常把压迫简单地归结为剥削来说明,不肯正视人的口腹之欲有个极限,而人的权势野心却可以膨胀到欲与天公试比高的地步!剥削与压迫经常出现不同步现象,就是两者不能相互归结的证明。农民起义领袖生活上自奉甚俭,谈不上什么剥削心理与行为,但他的"权威欲"的膨胀,却使他喜欢下属"效忠"于他而发生人身依附关系,或使他残酷迫害与无情杀戮触犯他个人权威的亲密战友。在商品经济比较发达的社会发展阶段,剥削欲常常凌驾于压迫欲之上而大肆泛滥;而在商品经济不发达的社会发展阶段,权力压迫欲则经常先于金钱剥削欲而达到顶峰,这样,继起的社会发展阶段首先要注意克服以权谋私的官僚主义;如果处于商品经济开始发展而封建特权残余还很严重的特定历史时期,社会上往往会出现那种凭借官僚特权又通过市场形式进行双重榨取……

记者: 您将官僚主义的起源归结为人性中善恶互依的辩证

关系,强调正是因为人类为了防止无政府主义状态对自身的毁灭而组织起政府,从而招致人性中"占有欲"和"权威欲"这种恶对有政府状态的善的寄生,这可以说是官僚主义研究中别开生面的深入。但这是否与王亚南先生强调体制性官僚主义的论点有所矛盾呢?

孙: 我的老师提出的关于体制性官僚主义和个人性官僚主义的分类是经典性的,我循此而进,补充和展开了对两者之间辩证关系的研究。我发现,这两者是相互依存并可以相互转化的。秦始皇首创全国大一统的君主专制官僚政治体制就是个人性官僚主义转化为体制性官僚主义的典型实例。解放后,我们的一系列左倾错误,以及"文革"期间形成的种种极"左"体制,并不是社会主义制度的逻辑必然,而是个别人的官僚主义错误决策铸成的。一旦体制性官僚主义弊端形成,个人性官僚主义就会如鱼得水,推波助澜,使两类官僚主义互相促进而愈演愈烈。总之,两类官僚主义是交错生成、相互转化的,应具体分清个人责任的大小和体制弊病的轻重,不能总用"付学费嘛"以谢天下。

记者: 由此看来,清除官僚主义绝非一朝一夕之事,那么,您对当前反官僚主义的斗争——十三大报告已将其列为政治体制改革的主要任务之一——是否持乐观态度呢?

孙: 我持审慎的乐观态度。纵观人类漫长的历史,食人之风的官僚主义毕竟被役人之风的官僚主义所替代;残酷野蛮的官僚主义毕竟被温和文明的官僚主义所替代,这使人类在一片愁云惨雾中多少见到了一丝光明。但是,必须清醒地意识到,我们正处于历史上最复杂的关键时期,我们需要克服带有封建色彩的官僚主义,因为中国的社会主义初级阶段是脱胎于一个漫长的封建专制社会和半封建半殖民地的社会。这里有必要破除共产主义运动史上的一个古老的"两难论":即资本主义社会阶段"超越不行,不超越也不行"。说"超越",这和马克思主义理论精髓有矛盾;说"不可超越",这又和现实社会主义实践相抵牾。出路何在?出路就在于承认资本主义现代化和社会主义现代化都属于同一个历史发展阶段——现代化社会阶段,这两种现代化道路有一个共同的历史出发点——反对封建主义,不过,由于历史原因和鉴于马克思主义对资本主义弊端的批判,我们反封建的主体不同、途径不同、方法不同。正因为同中有异、异中有同,所以这两种道路既要互相区别,又要互相学习。学习西方经验中现代化共同规律的东西,不能称之为"全盘西化"。我们当前克服官僚主义的首要任务就在于使人治体制逐步转变为法治体制。制衡官僚主义的真正力量是人民,只有当人民逐步摆脱贫困、愚昧和各种人身依附关系,随着社会主义的民主政治建设和社会主义的商品经济发展,不再像《新星》中那样企盼上面派下"青天",而能运用自己的权利选出公务员来,不再嗫嗫嚅嚅,而敢于借助舆论工具大胆表示出自己的意见时,我们社会才有可能真正有效地抑制官僚主义的"权威性"和"剥削欲"的恶性膨胀,使官僚主义的弊害减少到尽可能小的程度。我想,这一点是区分真改革与假改革、聪明的改革与愚蠢的改革的标志之一。

1988.2.1

第六辑 | 诗与小说

　　这是两篇旧作,讨论的是诗歌表达的层次和小说叙事的结构,虽发表在 20 世纪 80 年代,如今读来,意蕴尚存,自以为还有些学术价值。

诗即隐喻

一

诗的旨趣在于用语言表现那些语言无法直接表现的东西。

至理和深情都是难以言传的。人类的语言既不能完全把握我们面对着的世界,更难以成为衡量人类意识复杂性的尺度。而诗呢?偏偏要去表现一种"不涉理路、不落言筌"的"兴趣"(严羽《沧浪诗话》);偏偏要求一种超出自身之外的"既不能用诗的言辞或任何一种言辞,也不能用音乐或色彩来表现"的暗示意蕴(布拉德雷《为诗而诗》)。

于是,我们发现,在语言代码和诗歌所要传递的信息之间,并不存在直接的对应性。

是不是诗人另有一种特殊的"艺术语言"呢?理查兹强调过"符号语言"与"情感语言"的区别;苏珊·朗格也曾划分过"推理

符号"和"表象符号"。其实,诗人在诗中与我们在日常生活里(譬如交谈、广播或论文写作)运用的完全是同一种语言,只不过方式不同。

诗歌之所以没有窒息于语言而反能超越之,就是因为它走向了隐喻。

二

隐喻,可以视为一种有意违反语言规范的表达方式。

有人(F·Boyle)曾将隐喻形容为"断言某物就是另一个根本不是它的事物"。常举的例子是罗密欧为爱情激荡时情不自禁说下的名言:"朱丽叶是太阳。"也有人(J·Brown)把隐喻说成"用属于某一事物的词去形容另外一个事物"。在北岛《雨夜》一诗里,我们可以找到这样的形容:"血淋淋的太阳。"

如果从语法角度分析,罗密欧的情语完全可以看成一句逻辑欠通的昏话,而北岛的诗句则显然是一例修辞不当的病句。难怪当年雅可布森要从句法病症来研究隐喻。当然,谁也不会愚蠢到仅从字面去理解隐喻,大家知道,隐喻在字面意之外另有隐喻意。

这里,有一条隐喻永远遵循的原则:说的是一件事,而意味着另一件事。

问题在于,隐喻为什么能在说一件事的同时而意味着另外的事?

三

　　隐喻源于修辞学,最早的研究可以追溯到亚里士多德。1971年出版的隐喻研究论文索引(W.·Shible 编纂)所收论文数目已逾四千篇。尽管如此,隐喻仍被研究者视为人类语言中"遗留未解而又最令人困惑的问题之一"。

　　历史上,有关隐喻的探讨,大致形成了三种理论:

　　比喻理论(Comparison Theory)

　　比喻理论坚持将隐喻视为凝缩的比喻。这种观点源于亚里士多德,并成为隐喻研究中的传统观点。不过,将隐喻看作为比喻的一种特殊形式,就等于将隐喻的隐喻意归同于字面意。这一理论后经高德曼(V. Goodman)进一步发展,终致将所有形象化语言都当成隐喻看待,以至于混淆了隐喻与非隐喻的界限。

　　替代理论(Substitution Theory)

　　继比喻理论之后,是替代理论。替代理论认为,隐喻是利用词意引申和变化而产生隐喻意的。隐喻意是可以通过对中心词的分析而掌握,并可以被字词的释义所替代。实际上,隐喻意是不可能从某一个词里推演出来的,隐喻的含义,借用结构主义者列维·斯特劳斯的话就是"意识品尝一种元素组合时所知觉到的一种特殊味道,而这些元素如果分别品尝却没有味道"。①

---

① 见法国《精神》杂志,1963 年 11 月号。

互馈理论(Interaction Theory)

当代影响最大的是互馈理论。"互馈"一词最早见于理查兹的著作,后经布莱克(M·Black)在理论上进一步完善。互馈理论认为,隐喻意的产生完全基于隐喻句内字词间的交互作用。布莱克认为所有的隐喻都可以分为前项和后项,比如:在"朱丽叶是太阳"这个隐喻中,"朱丽叶"可视为前项,"太阳"可视为后项。所谓"互馈",据布莱克的解释,就是后项将自身蕴含着的一系列复杂的暗示投射到前项,使前项的某些特质凸现出来,而隐喻的领悟者再根据对这些特质的理解,平行地在后项所展现出的一系列暗示中选择,使前项与后项之间建立起对应关系而完成对隐喻的领悟。[①] 与前两种理论相比,互馈理论显然更深刻地揭示出了隐喻的奥秘,但它也有个致命的缺陷,就是将隐喻的分析仍完全局限于隐喻句本身。

四

人类所以能够通过语言来相互交流,是因为人类的文明和个人的经验使我们对客观世界的知识和对社会生活的理解在头脑中形成了一个基本一致的经验世界模式。这使我们的语言交流有了共同的参照系。当语言表达符合这一经验世界的模式时(比

[①] 见 M·Black:"MORE ABOUT METAPHOR". *METAPHOR AND THOUGHT*(1977)。早年在《隐喻》一书中,布莱克曾将隐喻分为"焦点"(focus)和"框架"(frame)两部分,后对此提法有所修正。

如说:"朱丽叶是个美丽的姑娘"或"红彤彤的太阳"),就能被别人立即理解;而当语言表达不符合这一经验世界的模式时(比如说:"朱丽叶是太阳"或"血淋淋的太阳"),就会引起人们的困惑。由此可见,不合语法规范的语言表达所以不被人理解,就是因为它在我们头脑里的经验世界模式中得不到还原,因为语句的内在结构显示出的正是经验世界的逻辑形式。

  但是,语言表达的规范与否,只是相对于具体的参照系而言才有意义。① 隐喻虽然不能在我们原有的经验世界模式中得到还原,却可以在某种特殊的参照系中得到解释,这种特殊的参照系显然是隐喻领悟者根据对具体语境和文化背景的掌握而建立起来的。隐喻,总是将两个在经验世界中分属不同领域、本无直接联系的事物置于同一语言结构,所谓理解隐喻,或者说把握隐喻的含义,就是将隐喻置于特殊的参照系中,在这两个本不相关的事物以及它的背后隐隐呈现出的一系列复杂暗示之间寻求建立某种平行的对应关系,从而使隐喻在字面构成的不可解逻辑在深层化为可解。② 太阳不会是血淋淋的,但经过十年浩劫的人对这一触目惊心的形容是不难接受的。

  进一步的问题是:为什么隐喻一旦置于特殊的参照系中就

---

  ① 钱钟书先生论及王羲之《杂帖》之费解时云:"彼此同处语言天地间,多可勿言而喻……而外人猝闻,每不识所谓。"见《管锥编》一册,1109页。
  ② 艾略特说:"当一个诗人的大脑完美地为其工作准备好了的时候,它就总是将彼此无关的经验混合起来;普通人的经验是杂乱的、不规则的、支离破碎的。他们堕入情网或阅读斯宾诺莎这两个经验彼此毫不相干,与打字机的噪音或烹调的气味也毫不相干;但在诗人的大脑中,这些经验总是在组成新的有机整体。"见《泰晤士报文学增刊》(1921年10月20日),转引自《外国文学动态》1985年6期。

有可能在前项与后项之间建立某种平行的对应关系？而这种对应关系又意味着什么？有人曾将此归之为"发现",即隐喻中那两个在经验世界中本无直接关系的事物置于特殊的参照系后便显露出原已存在而一直未被意识到的类似性联系。但是,这种对应关系的建立与其说是一种"发现",不如说是一种"创造"。所谓"特殊的参照系",实质上就是融具体经验、文化因素和个人感受于一体的非现实性内在情感模式。这一模式意味着隐喻已不是还原于外界现实的映象中,而是还原于领悟者的心理感受里,也就是说在隐喻前后项相互折射出的一系列暗示之间所以能建立某种平行的对应关系,原因主要不在于其中有某种现实类似性,而在于我们心灵具有一种超乎理性经验的直觉感悟能力。深一层讲,隐喻的表达、领悟与人类直觉思维类似,都是通过改变经验世界的结构而创立一条直接洞察宇宙和人生奥妙的通道。如果说,正常的语言表达是"外师造化"——在经验世界模式中还原,那么,隐喻则可称之为"内得心源"——只遵循心灵神秘的法则。

同一句隐喻,在不同的参照系中会产生不同的含义;即使在同一参照系中,也会因不同的领悟者而获得不同的理解。因此,隐喻的意义是无穷的,其中无法找到绝对正确的标准答案。正因为如此,我们至今编纂不出一部隐喻词典。

五

让我们回到诗歌。

当诗人无法用语言直接表达出自己对宇宙和人生的体验时，他就会诉诸隐喻。诗人向来是不屑于按照语言和逻辑来组织诗句，使自己的表达更具条理些，相反，他总是满不在乎地破坏着语言规范，用跳跃的诗行和缤纷的意象把诗歌编织成精致而复杂的隐喻。他让我们在沙石中凝视生命的意义，在风暴里倾听历史的足音；他意味深长地诉说着最平凡不过的琐事，同时又将一件简单明瞭的事情讲得颠三倒四、扑朔迷离。总之，诗歌意蕴的难以把握，从根本上讲，就是因为诗歌属于一种在我们经验世界模式中无法充分还原的隐喻性表达。

一首诗的理解大致是在三个层次完成的。这三个层次就是语言层次、文化层次和隐喻层次。

在语言层次，我们以头脑中经验世界的模式为参照系而完成对诗歌字面含义的理解。当然，诗歌的意蕴不可能仅止于字面。有些诗，譬如各个时代都会出现的各种形式的应景诗，所以会被视为诗之下品，就是因为它们仅仅达到了这一层次。实际上，诗的意蕴既在言内，又在言外，所谓："诗家圣处，不离文字，不在文字"（元好问）；所谓："在诗中，人们可以说的是一件事，指的是另一件事"（弗劳斯特）。所以，我们必须由语言层次而深入文化层次。

在文化层次，我们是以诗人创作的背景和文化历史传统为参照系，通过对词语、句式、典故的具体分析而去体味诗句的深层义，把握住诗中的意象。但是，即使是在这一层次上，我们也还不能完全领悟一首诗的意蕴。有时，我们读懂了每一句诗，查清了每一个典,可还是不知道诗人到底要说些什么,因为诗中意象间的逻辑和呈现的境界仍然令人困惑。诗歌的意蕴如果仅止于这一层次,像宋代的江西诗派之诗和当今一些刻意追求深奥的仿古"力作",也只能算是诗之中品。真正意义上的纯诗,只有当我们由文化层次进而深入隐喻层次才能最后完成对其意蕴的领悟。

六

在隐喻层次领悟诗歌的意蕴就意味着我们必须从经验世界中超越出来而进入审美境界,以个人心灵感受为参照系去把握诗歌内在的隐喻性结构。

纯朴的抒情诗常常同时呈现两个(或两个以上)的意象以暗示出经验世界中本不直接相关的事物间的微妙联系,从而构成内在的隐喻性结构。意象,无疑是构成诗歌表现力的重要因素,但意象本身的表现力是相当有限的,往往局限于读者的现实联想和"格式塔"式的心理感受。只有在诗中与其他意象构成一定隐喻关系的意象,才具有真正强烈的表现力。置于特定隐喻结构中的不同意象,可以相互折射出一系列暗示,所谓把握诗歌内在的隐喻性结构,如同理解隐喻一样,就是在复杂的暗示之间,凭心灵的感悟而建立起一种平行的对应关系,这样,诗歌语句间的不可解便在深层化为可解,诗歌意蕴的领悟也得以最终完成。

诗歌隐喻性结构的构成大致可分为横向型和纵向型。

庞德《地铁车站》一诗,就是将车站上旅客拥挤着的面孔与黑色枝条上的鲜艳花瓣这两个意象横向地拼接在一起。于是,那些湿漉漉的花瓣便将一束束暗示之光投向幽暗中匆匆逝去的面孔上,使我们意识到这些生命的美丽、脆弱和短暂。与现代诗人追求有"张力"的诗歌结构不同,唐代诗人张祜的《赠内人》一诗则保持着完整和谐的画面:宫深夜静,一个寂寞的宫女正用玉钗剔拨灯焰,救出一只扑火的小飞蛾。但是,在整个画面的深层,我们发现,宫女意象与飞蛾意象横向地构成了隐喻关系,而这正是全诗意蕴之所在,深宫寂寞生活的如实写照也由此而被升华为宫女一生悲剧的象征性展现。

弗劳斯特的名诗《荒径》呈现出的是另一类型的隐喻性结构。全诗描写了诗人在林中两条分叉小路面前所感到的犹豫和作出的选择,在最后一段诗里,"带着内心的沉痛/我将向几代后来者倾诉/面对林中分岔的小路,我曾犹豫/因为选择了那行人稀少的一条/导致了迥然不同的遭遇",诗人突然将读者引向了另一个更深的层次:人生道路的抉择。全诗正是在这两个不同的层次间纵向地形成了隐喻性结构,使傍晚林中散步时的一点感叹变成了对人生偶然性的沉思。同样类型的隐喻性结构在中国古典诗歌中也可以找到,只不过那第二个层次往往是通过某一意象而巧妙地暗示出来。宋代诗人杨万里有《夜宿东渚放歌》一诗,诗中描绘了秋山在夕阳中色彩瞬息万变的奇异景象,在最后,诗人笔锋一转:"暮鸦翠纱忽不见,只见澄江净如练!"这里,他通过借用了谢朓的名句而在自然色彩变幻之外暗示出了诗歌创作上的顿悟,全诗在这两个层次上构成了隐喻。如同世界只有在虚幻的色彩消失之后,才会显出本相,诗人的创作也只有从雕琢中归于质朴才有可能把握住美的本质。

七

诗歌隐喻性结构实质上意味着一种感知世界的独特方式。

当我们用理性的目光去看世界的时候,宇宙的一切就很自然地被理性有序化了,在我们头脑中逐渐形成了僵固的模式;而当我们以直觉去感知世界的时候,理性化的世界就会分解、变形、散乱,世间万物会因我们心灵的参与而变得息息相关起来。远古帝王的伟业和窗外传来的婴儿啼哭一起显示着生命的奥秘;十五万光年处的超新星爆炸和河滩上鹅卵石的花纹同样蕴含着宇宙的真谛。诗人正是将自己感知世界的独特方式外化为诗歌内在的隐喻性结构,而诗歌又用这种结构引导读者以自己的直觉去感知世界。从这种意义来讲,诗歌就是人类直觉思维的外化形式。

八

诗人很快就会发现自己永远是在语言狭缝中奋斗。

为了创造隐喻,诗人不惜破坏语言规范,这使他很容易滑向晦涩的深渊。当然,真正深刻的隐喻毕竟不同于辞藻的胡乱拼凑,总是能够被人理解的,但隐喻一旦被接受,就会在接受过程中被不断地限定,最终融进语言而蜕化成约定俗成的表达。我们今天使用的许多成语,像"老骥伏枥"、"白云苍狗",都曾是诗中新奇的隐喻。

同样,在诗中,"一个'意象'可以被转换成隐喻一次,但如果它作为呈现与再现而不断重复,那就变成了一个象征。"(韦勒克、沃伦《文学原理》)在中国古典诗歌中,《离骚》中兰草意象与古乐府中团扇意象由于被后代诗人反复运用而成为毫无新意的象征就是很好的例子。

再进一步,诗歌的创作,如果将其结构形式视为一种隐喻,也存在着同样的情况。诗人的独创性实质上就体现在诗歌内在隐喻性结构的创造上,但是,一种结构形式一旦被创造出来,它就会在大量的摹仿中演变成为一种技巧或手法,而仰仗技巧和手法来创作的诗人,向来只能是平庸的诗人。

因此,诗人的天才就体现在隐喻的不断创造中,他既要跨越古人,又要超越自己,而诗歌犹如能拼出无数隐喻图形的魔方,在每一次转动中获得发展,因为,隐喻的每一次创新,实质上都标志着诗人对世界感悟的深化。

1987.6

话本小说：视点、角度和结构

一

小说结构受小说视点的直接影响，换句话说，小说的视点就是一篇小说结构框架的支点。支点有变化，整个结构框架就自然会有变化。伯西·拉伯克在《小说的技巧》一书中说："小说技巧上错综复杂的问题，全在于受视点支配。"小说的结构必须有自己内在的有机联系，这种内在的有机联系是什么？我以为就是视点。

什么是小说视点？一般说来，是指作者让谁——作者本人还是作品中某一个角色——来叙述故事，但严格意义上所讲的视点应是后者，即让作品中哪一个角色来担任故事的叙述者。视点包含着两个因素，一是观察角度，一是叙述心理。不同的人物在生活中的位置是不同的，他和其他人物的关系有亲疏远近，因此选择不同人物作视点就等于从不同侧面来反映生活;同样,作为视点的人物由于自己的性格、爱憎和独特的经历,必然使自己的观察和叙述受到个人情绪的影响,小说的叙述语言就会带上浓厚的感情色彩。

话本,作为古代白话短篇小说,有着自己非常独特的结构形式。每一篇布局不同,写法各异,在基本结构上却有着共同的特征。把话本小说的结构特征仅仅归结为"一波三折"是远远不够的。在现代短篇小说中(这里主要指外国的或是我国"五四"时期以后的新小说)找出一篇同样是"一波三折"的短篇小说并不是一件难事,但只要把两者对照一下,就会发现它们在结构上存在着巨大差异。

二

以作品中的一个角色为视点,通过他的眼睛和心理来反映周围的一切,让他来讲述小说中的故事,这就是常说的内视点。小说创作中有意识地运用内视点是近代小说艺术技巧的一项重大突破,它增加了小说的真实感,使作品中的人物与读者之间的距离缩短了,人物丰富、复杂的内心世界直接显示在读者面前,作者本人从作品里消失了,不再站在一旁不停地议论、分析自己笔下的人物了。

但是,创作话本的古典小说家们在他们那个时代还没有充分意识到小说视点的重要作用,他们更乐于采用"全知视点"——这实际上也算一种视点,有人称为"外视点"——就是作者亲自来说故事,他就像无所不知的上帝一样,居高临下地俯视着自己作品里的芸芸众生,他知道每个人物生老病死的命运,知道他们内心里燃烧着的欲望和生活中不可告人的隐私。作者为我们仔细描绘他们的容貌、衣饰,分析他们的行为,解释他们的感情,时而热情赞叹,时而冷冷嘲笑,到了故事情节紧张复杂之时,作者会自己跑出来喊道:"看官且住!"然后不慌不忙地把前因后果细细道来。

和内视点相比,全知视点能给小说家们更大的自由,但采用全知视点的小说家们会碰到自己的问题。当他们叙述故事时,首先要考虑从哪一个人物写起,通过这个人物的行动来推动情节的展开,引出其他人物,衔接各种不同的场面,为小说结构寻找一条轴线——我们把这称为小说的叙事角度。

叙事角度和上面谈到的视点有一定区别。对于内视点小说来说,视点和叙事角度是一致的,因为视点人物就是小说中所有人物、情节、场面之间必然的联系,视点包含了叙事角度,作者选择了视点也就是选择了叙事角度;但在全知视点的小说里,叙事角度就不同于小说视点了,因为小说视点是作者本人的,是作者在讲故事,在分析人物的行为,而叙事角度却只能落实到作品中的一个角色身上。再者,小说视点注重的是反映生活的不同角度和对人物心理的深入刻画,而叙事角度仅仅注重故事情节展开的角度,即通过哪个人物来组织情节,安排场面描写,引出其他人物。对于全知视点的小说来说,叙事角度的选择在很大程度上决定了小说的基本结构。长篇小说由于人物繁多,线索复杂,场面经常变换,作者很难只写一条线,只以一个人物的行动来贯穿全书所有的情节、场面,于是就有一个叙事角度转换的问题。曹雪芹写《红楼梦》先从贾雨村写起,让他带着我们一起听冷子兴演说荣国府,铺开最初的情节;接着又让我们随着林黛玉走进了荣国府,结识了贾母、凤姐和宝玉;后来,作者又从天外扯来了个刘姥姥,通过她三进荣国府,写尽了这个封建大家族的豪华、奢侈和腐败。从叙事角度在各个人物身上不停的转换上,我们可以看到曹雪芹高超的结构艺术技巧和独特的艺术匠心。短篇小说则不同,作者往往只采取一个固定的叙事角度,因为短篇小说人物较少,线索单一,场面固定,不需要转换叙事角度就可以将故事放进一个结构框架中。这在现代短篇小说中是常见的。

三

有趣的是,古典小说家们并不愿意像现代短篇小说家那样来构思自己的话本,把话本的结构建立在固定的叙事角度上,他们似乎更乐于像创作长篇小说那样,让话本小说的叙事角度不断转换。我们先来看看《陈御史巧勘金钗钿》(见《古今小说》)这篇小说的写法。

这个话本是写一个犯罪与侦破的故事。作者并没有选取一个固定的叙事角度——从法官或从罪犯——来展开情节,相反,作者围绕着中心情节,让叙事角度不断地从一个人物身上移到另一个人物身上。小说先交代鲁家有一位公子,与顾家小姐订婚,后来鲁家日贫,顾家便有悔婚之意。小说描写顾家夫人劝小姐另择夫婿,但小姐不愿,夫人无奈,便想悄悄资助鲁公子,让他作速行聘,于是便托园公老欧去请鲁公子前来。小说的叙事角度便由夫人转到了鲁公子。鲁公子接到信儿后,因衣衫褴褛,就去问表兄梁尚宾借衣服,梁知道事情原委后起了坏念头。接着小说又从梁尚宾的角度去写,梁先哄骗鲁公子在家等他,自己却偷偷假冒鲁公子去顾家相亲。这时,作者又重新返回来写顾家,从夫人的角度描写假公子的到来,从小姐的角度写和假公子的幽会。然后,小说的叙事角度又移到鲁公子身上,写他在梁家苦等,好不容易盼到梁兄归来,急急打扮齐整,匆匆赶到顾家,到了顾家才发现祸从天降,小姐因为受骗被辱,早已自缢身亡了。接下去,作者一笔写顾家风波,一笔写梁家纠纷。故事到此,才慢慢引出一个陈御史,又从陈御史的角度去写破案的情节。

这里我们可以清楚地看到:话本,这种古典白话短篇小说结构上的独特之处就在于叙事角度的不断转换。"三言"一百二十篇话本中,叙事角度转换的要占一百篇以上。如果和现代短篇小说结构比较一下,就会发现话本小说结构上的两大特征:

第一,与现代短篇小说一般选取一个固定不变的叙事角度不同,话本小说的叙事角度总是在有意识地不断转换着,从一个人物转到另一个人物。

第二,由于叙事角度的转换,话本小说不是通过一个主要人物的行动来总领全篇,而往往是通过小说中各个人物的行动来推动情节的发展,叙事角度的转换成为人物行动之间、场面之间的黏合剂。

四

前面说过,叙事角度是一篇小说结构的基础。古典小说家们根据情节发展的需要,通过精巧的艺术构思,利用叙事角度的转换,将故事叙述得更加曲折生动,引人入胜。在长期创作实践中,话本小说在叙事角度转换的基础上,形成了两种具有民族特色而又符合我国人民欣赏习惯的基本结构类型,即分表式与连环式。

分表式是指小说的叙事角度在两个(或者更多)人物之间交替转换,这样作者就能同时描写发生在不同地点、不同场合、不同人物身上的故事。分表式结构在古典长篇小说中的运用比比皆是,因为多线索的叙述要求叙事角度也不断变换,而话本小说是单线索的,作者采用分表式结构主要是出于艺术上的考虑。话本小说中,分表式结构较多地用于爱情故事,因为这样作者可以自由地描写男女主人公双方的遭遇,分表式"合——分——合"的结构又非常适宜表现男女主人公悲欢离合的命运。我们来看一看《张舜美灯宵得丽女》(《古今小说》)的结构:

合:张生元宵夜赏灯,遇一丽女,两人定情,相约外逃,不幸走散。

分:△张生寻女不见,一病不起。

△女乘舟而下,入庵为尼。

△张生病愈，金榜题名。
　　△女庵中静待，梦兆夫来。
合：两人相逢，缺月重圆。

　　这样的结构在现代短篇小说中是难以找到的，现代小说家们一般只会从一个人物的角度去写。欧·亨利《麦琪的礼物》也写一对夫妻，他们为了互赠圣诞礼品，一个卖掉了自己漂亮的头发去买表链，另一个却卖掉了表去买发饰用品，小说里作者只给我们描写妻子怎样犯愁，怎样忍痛剪掉瀑布般的长发，怎样惊喜地为丈夫挑选精致的表链，却没有描写她丈夫在干什么，这样处理固然有作家的匠心，使小说有一个"惊奇的结尾"，不过，这多少也受叙事角度的限制。话本小说分表式的结构却可以双线铺陈，两头并进，像电影中蒙太奇手法一样，使男女主人公的命运形成平行、对比、呼应等等关系，造成强烈的艺术效果。《玉堂春落难逢夫》(见《警世通言》)中，一方是王三官寒窗苦读，科场高中；一方是玉堂春被卖遭诬，打入死牢。作者同时把两人的命运清清楚楚地交代出来，追求的不是小说中的"悬念"，而是对比，以王三官春风得意的命运反衬玉堂春悲惨痛苦的遭遇，引起读者对女主人公强烈的同情，并造成读者盼望男女主人公团圆的期待心理。

　　连环式是指小说的叙事角度不断地从一个人物转到另一个人物，通过这些不同人物的行动来依次推动情节的发展。作品里一个人物带出另一个人物，另一个人物又带出其他的人物，小说不用一个人物的行动来贯穿始终，相反，围绕着故事情节的中心，作者总是写一个人物,展开一段情节就先丢下,接着再写另一个人物,就像戏剧舞台上,各个角色完成了自己的动作就先下场一样,让别的角色上来。这样,小说中人物连着人物,场面接着场面,形成一个连环套子。《蒋兴哥重会珍珠衫》(《古今小说》)就是一个典型的例子。小说先从蒋兴哥写起,由娶亲引出了他妻子三巧儿,然后,作者搁下外出收账的蒋兴哥不提,却写三巧儿一人在家寂寞无聊,一天揭帘观望,看见了正在街上行走的陈大郎。作者又先放下三巧儿,写那个风流子弟陈大郎。陈大郎一见三巧儿的美貌就动了心思,于是去求老干穿针引线勾当的薛婆,从而引出薛婆。接着,又写薛婆怎样千方百计地去引诱三巧儿……叙事角度换来换去,最后又转换到蒋兴哥身上,写蒋兴哥在野外酒店结识了陈大郎,无意中得知家中丑事。小说的情节和人物就这样一环扣着一环,时而横云断岭,时而异峰突起,跌宕起伏,摇曳多姿。连环式结构使作者得以把故事中发生在不同时间、不同地点的精彩情节和场面无一遗落地描绘出来,笔触无所不到。无论是闺房深巷,还是市井瓦肆,甚至千里之外的村落酒店,通过叙事角度的转换都能巧妙地辗转相连,而小说的整体结构又能浑然一体,自然天成,显示出古代小说家们对小说结构艺术的高度驾驭能力。

五

分表式和连环式是话本小说中最常见的两种基本结构,有一些话本小说的结构是这两种结构类型的结合。从《水浒传》《儒林外史》中,我们还可以清楚地看到这两种结构在长篇小说中的进一步发展。在当代一些致力于继承古典小说优秀传统,探索小说民族化的作家的作品中,像赵树理《小二黑结婚》,也仍然可以看到这些具有民族风格的结构形式富有生命力的运用。

话本小说在叙事角度转换基础上所形成的独特结构,是符合我国广大人民群众的欣赏习惯与美感心理的。它的形成也是和话本小说独特的发展历史密切相关的。它有自己的长处,也有自己的短处。简单说,话本小说的结构反映出口头文学的特性。话本,原本是说书人的底稿,不同于直接用文字创作的小说。说书人只是在向听众讲述一个他听来的故事,他不用像现代小说家那样总想方设法要把故事假托为自己或旁人的亲身经历,因此,说书人就使听众与故事里的人物之间保持着一种间隔感,也正是由于这种间隔感,说书人具有了很大的自由,他用不着考虑视点或叙事角度等等问题,为了表演生动,他还需装扮成故事里的各种人物,从不同的角度讲述故事,这样就慢慢形成话本小说中叙事角度不断转换的特点,与此相适应,话本逐渐形成了自己独特的结构形式。另外,话本小说属于情节小说一类,作者对故事情节生动曲折的关注大大超过对人物性格的塑造,而话本的结构必须适应这一特点。话本小说的结构易于安排情节,铺陈场面,却不大利于塑造人物。由于叙事角度的常常转换,话本小说很难集中力量刻画主要人物,特别是当作者把握不好时,常常会由次要人物生出许多游离主题的枝节,造成结构的松散。

1985.2

图书在版编目(CIP)数据

尼山风光/钱宁著.—上海:文汇出版社,
2010.8
ISBN 978-7-80741-940-2

Ⅰ.①尼… Ⅱ.①钱… Ⅲ.①散文-作品集-中国-当代 Ⅳ.①I267

中国版本图书馆CIP数据核字(2010)第129917号

新民文库·夜光杯文丛·个人专辑

尼山风光

作者/钱宁　插图/杨秉辉

新民文库总策划/朱大建

特约编辑/贺小钢　责任编辑/陈今夫　封面装帧/周夏萍

出版发行/文汇出版社(上海市威海路755号　邮编200041)
经销/全国新华书店

照排/南京展望文化发展有限公司　印刷/上海港东印刷厂

版次/2010年8月第1版　印次/2010年8月第1次印刷
开本/890×1240毫米　1/32　字数/80千
印张/4.25　印数/1—10 000

ISBN 978-7-80741-940-2　定价:18.00元